NOTICE

SUR

SAINT-LÉGER-DU-BOURG-DENIS

PAR

P. ROUSSIGNOL

INSTITUTEUR

ROUEN

MÉGARD ET Cie, IMPRIMEURS-LIBRAIRES

1890

NOTICE

SUR

SAINT-LÉGER-DU-BOURG-DENIS

NOTICE

SUR

SAINT-LEGER-DU-BOURG-DENIS

PAR

P. ROUSSIGNOL

INSTITUTEUR

ROUEN

MÉGARD ET Cie, IMPRIMEURS-LIBRAIRES

1890

PRÉFACE.

Aux élèves des écoles publiques de Saint-Léger-du-Bourg-Denis.

Mes chers enfants,

Vous avez entre les mains des livres excellents et aimés, où vous trouvez, sous des formes aussi variées qu'intéressantes, des récits qui vous font connaître notre belle patrie, la France, son passé, sa voie dans le progrès, sa gloire, sa richesse, tous les souvenirs, en un mot, qui peuvent nous attacher à elle. Plus les personnages qui y figurent, plus les faits racontés sont proches de nous, plus aussi votre curiosité grandit et votre cœur prend plaisir à éclairer votre esprit.

Il m'a semblé qu'un résumé d'histoire locale vous manquait, le plus agréable pour vous, peut-être, celui de la patrie domestique, du pays natal, que vous aimeriez à voir revivre le passé de cette commune de Saint-Léger-du-Bourg-Denis, de suivre la trace de vos pères qui pour elle ont vécu, travaillé, lutté même, enfin de recueillir leurs traditions, et je me suis mis à l'œuvre courageusement.

Mes occupations ne m'ont pas permis de vous donner une histoire complète du pays. Il pourra exister bien des lacunes; et pourtant, tel qu'il est, ce livre est le fruit d'une étude et de recherches déjà longues; il est surtout une œuvre de conscience et, je l'espère, d'exacte vérité, accomplie en dehors de toutes préoccupations ou influences quelconques, et avec le seul désir de vous être utile.

Vous lirez ce livre, je l'espère, avec le même esprit qui l'a inspiré. Il y est fait une large place à l'école où vous vous réunissez chaque jour pour recevoir l'instruction, aux progrès accomplis, à tous les encouragements prodigués à l'enseignement par un gouvernement qui s'est donné la glorieuse mission de bannir les illettrés ou l'ignorance de nos jeunes générations.

J'ai tenu aussi à donner un éloge à ceux de vos camarades qui, au sortir de l'école, se sont fait un honneur d'obtenir le petit diplôme que vous voudrez tous avoir, j'en ai l'intime conviction, le certificat d'études, en inscrivant leurs noms dans ce livre comme sur un tableau d'honneur.

Si j'ai pu réussir à vous procurer une lecture agréable et utile, et à vous faire mieux aimer votre village natal, je considérerai comme atteint le but que je me suis proposé.

Votre instituteur,

ROUSSIGNOL.

NOTICE

SUR

SAINT-LÉGER-DU-BOURG-DENIS

CHAPITRE Ier.

—

Topographie.

Saint-Léger-du-Bourg-Denis, une des vingt communes qui composent le canton de Darnétal, est situé à l'entrée de la vallée de l'Aubette, qui débouche dans celle de Darnétal, à l'est de Carville, à quatre kilomètres de Rouen. Encaissée dans son étroite vallée, ne mesurant guère plus de deux kilomètres dans sa plus grande longueur entre Darnétal et Saint-Aubin-Epinay, et dans sa largeur ne s'étendant pas même *aujour-*

d'hui jusqu'au sommet des collines qui l'entourent, cette commune est par sa superficie (275 hectares) une des plus petites du département, mais, par sa population, elle est la troisième du canton.

Bornée au nord et au midi par les plateaux de Saint-Jacques et de Blosseville-Bonsecours, elle se termine à l'est avec les dépendances de l'ancien château de Bourdeny. A l'ouest, elle est séparée de Rouen par le chemin dit des Trésoriers, qui contourne la propriété de M. Waddington, et de Darnétal par une petite partie de la rue de Sainte-Marguerite, la rue Brébion, le pont Saint-Lô et la rue Framboeuf.

Cette délimitation par la rue Framboeuf ne remonte pas au delà d'une soixantaine d'années. Elle fut réglée par une ordonnance du roi du 20 août 1828, sur une demande présentée par le conseil municipal de Darnétal le 15 janvier de la même année, à l'effet de se faire attribuer le côté nord de cette rue (1). La commune de

(1) Ce changement de délimitation fut dans la suite l'occasion de plusieurs contestations entre les administrateurs de Saint-Léger et de Darnétal : il y en eut une notamment assez curieuse en 1865 relativement à la pension due pour un aliéné à l'établissement de Quatre-

Saint-Léger s'étendait en effet au delà du terrain occupé actuellement par la rue Frambœuf, et elle perdit de son territoire la partie comprise sur la matrice cadastrale entre les n°s 113 et 140, soit 52 ares.

On ne se douterait guère aujourd'hui qu'il y a seulement trois siècles ce vaste terrain, couvert d'habitations et d'usines, qui est compris entre la rue Frambœuf et le viaduc du chemin de fer, était pour la plus grande partie un terrain marécageux occupé par une vaste cressonnière, que l'on n'y voyait d'autre maison que celle du cressonnier, assez rapprochée de la rue Frambœuf. Plusieurs personnes sont convaincues que cette cressonnière dépendait de la commune de Saint-Léger; c'est, pensons-nous, une erreur. Ce

---

mares. Un nommé Deshays, né sur le côté nord de la rue Frambœuf en 1821 et n'ayant jamais quitté la maison où il était né, dut être interné en 1864 à Quatremares; l'administration de cet établissement inscrivit le malade aux frais de Saint-Léger comme originaire de cette commune, ainsi qu'en faisait foi son acte de naissance. La municipalité de Saint-Léger se récria fortement, en faisant valoir que la partie de la commune sur laquelle était né Deshays ayant été annexée à Darnétal trente-quatre ans avant son internement, il devait se réclamer de Darnétal, et elle refusa toute subvention.

qui a pu donner lieu à cette présomption, c'est que la cressonnière dépendait de la seigneurie de Bourdeny. Or, d'après l'aveu fait en 1578 au roi de France par le seigneur de Bourdeny pour tous les biens dépendant de sa seigneurie, la cressonnière est rangée non parmi les biens sis sur la paroisse de Saint-Léger, mais dans l'énumération des biens sis sur la paroisse de Saint-Pierre de Carville, sous cette mention : « Audin Fauche de Saint-Pierre de Carville tient une cressonnière ainsi qu'elle s'étend et comporte en ladite paroisse, bornée par la rue Pinette, par.... par.... et par la fontaine Monsieur de Rouen, et de ce doit de rente seigneuriale 50 livres et une clisse de cresson ou trois deniers par chaque semaine de carême. » Cette fontaine de Monsieur de Rouen (1) était bien la limite ancienne des deux communes.

(1) Cette fontaine de Monsieur de Rouen est une source abondante au pied de la montagne du Roule, à l'entrée de la rue de la Ferme, aujourd'hui cachée à la vue, et qui alors, ayant son cours libre, baignait le terrain compris entre la rue de la Ferme et la rue aux Juifs. Le cardinal Georges d'Amboise, le ministre de Louis XII, qui fut un insigne et intelligent bienfaiteur de la ville de Rouen, en même temps qu'il faisait entreprendre

L'Aubette (1), qui sillonne la commune dans toute son étendue, est une petite rivière qui prend naissance un peu au delà de l'église de Saint-Aubin, se grossit sur son parcours des eaux de plusieurs petites sources et va se jeter dans la Seine, entre la porte Guillaume-Lion et le pont Pierre-Corneille. Nous citerons seulement trois des sources qui alimentent cette rivière dans la commune, à savoir : deux dans le haut pré de la Picauderie et une près de l'église, aux

---

des travaux considérables sur l'Aubette et le Robec, voulut doter plusieurs quartiers de la ville d'une eau pure et saine. Il fit capter dans un vaste réservoir les eaux du Roule et les canalisa jusque dans la partie est de la ville, et c'est ainsi qu'en l'an 1500, la fontaine de la Croix de Pierre, puis successivement dans les années suivantes douze autres fontaines dans les quartiers de Saint-Vivien et Saint-Maclou, procurèrent de l'eau de source aux habitants. Un filet d'eau fut laissé, lors de la captation des eaux, à l'entrée de la rue de la Ferme pour l'avantage des propriétés voisines, et qui aujourd'hui est utilisé comme lavoir, à la grande satisfaction des habitants du quartier. Naturellement, depuis la nouvelle délimitation entre les communes de Saint-Léger et de Darnétal, notre administration communale s'est désintéressée de ce lavoir.

(1) Nom qui signifie « petite blanche » rivière.

eaux de laquelle on attribuait jadis une efficacité pour les maux d'yeux.

Le coteau sud est un terrain fertile où ont été installées de nombreuses habitations; par contre, le coteau nord, escarpé, sans aucun toit, présente un aspect presque sauvage avec son sol calcaire dénudé, où l'herbe pousse à peine, et avec les déchirures toujours grandissantes que lui font d'actifs chaufourniers.

—

Vrai nom de la commune et son état civil.

Ce nom de Saint-Léger-du-Bourg-Denis est de date toute récente. Le vrai nom de cette commune est Bourdeni ou Bordeni, qu'on écrivait aussi avec l'y et qu'on faisait parfois précéder de l'article le : « Le Bourdeni. » Saint-Léger fut le titre ecclésiastique de l'église ou de la paroisse. Dans toutes les archives que nous avons eues sous les yeux, datées des XIIe, XIIIe, XVe, XVIe, XVIIe et XVIIIe siècles, nous avons vu uniquement et indifféremment employées ces deux expressions : « Paroisse de Saint-Léger de Bourdeni » et « Paroisse de ou du Bourdeni ». Comment et pour quel motif, depuis moins de cent ans, alors qu'il n'y avait dans la commune ni bourg ni Denis, a pu s'opérer cette transformation de Saint-Léger de Bourdeni en Saint-Léger-du-Bourg-Denis? Rien ne peut nous l'expliquer. Le nom de Bourdeni était si bien attaché au lieu lui-même, que, depuis quatre siècles, les seigneurs de Bourdeni n'étaient pas des Bourdeni, mais des Bauquemare et des Belbeuf. Dans le langage usuel, le nom de Saint-Léger a prévalu sur celui de Bourdeni, et l'on dit habituellement aujourd'hui Saint-Léger tout court.

A quelle époque peut remonter l'origine de cette commune?

Sur la foi d'une histoire de la ville de Darnétal, publiée il y a un peu plus de cinquante ans par M. Lesguilliez, nous avions, dans un premier travail, accepté de confiance et transcrit mot à mot ce passage relatif à Saint-Léger :

« La commune de Saint-Léger a-t-elle anciennement fait partie de Darnétal? Tout porte à le croire. Ce qu'il y a de certain, c'est qu'elle n'a été désignée pendant longtemps que sous le nom de Saint-Léger de Carville, qu'elle portait encore ce nom dans le XIIIe siècle, et que celui de Bourdeny ne lui a été donné que postérieurement..... S'il en est ainsi, Darnétal aurait donc été dans l'origine partagé en trois paroisses ? Mais l'église de Saint-Léger a-t-elle toujours été où nous la voyons aujourd'hui ? Nous ne le pensons pas ; nous présumons, au contraire, que primitivement elle a dû être construite dans la Bretèque, qui, dans ces temps reculés, était la seule partie de Saint-Léger bâtie et habitée. Mais pourquoi, plus tard, aurait-on transféré cette église dans un lieu isolé, éloigné des habitations ? Ce qu'il y a de certain, c'est qu'au siècle dernier, l'on pensait encore qu'une partie de cette commune dépendait de Darnétal. La preuve s'en trouve dans un acte notarié, passé le 21 février 1757, relatif à la fondation d'un lit à l'Hospice-Général. Ce titre porte positivement : Destiné spécialement pour un pauvre de Saint-Léger *dans l'extension de Darnétal.* C'est de la Bretèque qu'on parle dans cet acte, puisque, en effet, elle se trouve enclavée dans la limite de notre ville. »

Heureusement, des recherches personnelles faites postérieurement aux sources mêmes d'information sont venues nous éclairer et nous font un devoir de contredire ces assertions, que l'auteur avoue lui-même conjecturales.

Ce qui nous a frappé tout d'abord, c'est que précisément au XIIIe siècle, qu'invoque l'auteur précité, le pouillé (1) d'Eudes Rigaud, archevêque de Rouen de 1247 à 1276, en fait foi, le Bourdeny faisait partie du doyenné de Périers, comme Saint-Jacques, Saint-Aubin, Blosseville-Bonsecours, tandis que Carville faisait partie de la chrétienté, c'est-à-dire relevait de la ville métropolitaine. La présentation à la cure de Saint-Léger appartenait aux prieurs de Saint-Lô, tandis que les prieurs du Mont-aux-Malades présentaient à la cure de Carville, laquelle comprenait alors tout Darnétal (car Saint-Ouen de Longpaon ne fut séparé de la cure de Carville et ne devint paroisse distincte qu'après 1655).

Nous avons bien lu dans le *Dictionnaire des Paroisses* de Duplessis, à l'article *Bourdeni,* cette mention : « On trouve aussi quelquefois Saint-Léger de Carville. — Voir Carville. » Et c'est là sans doute ce qui a induit en erreur, selon nous, l'historien de Darnétal. Mais même en supposant que l'auteur du *Dictionnaire* ait été bien informé,

(1) Statistique religieuse.

car nulle part ailleurs nous n'avons rien trouvé confirmant son assertion, il faut le comprendre dans le sens où il parle et l'expliquer lui-même par lui-même. Or, au mot *Carville* où il nous renvoie, nous lisons : « Ce nom, après avoir été longtemps commun aux paroisses de Carville, de Longpaon, de Bourdeny et de Saint-Aubin-la-Rivière..... » C'est, à notre avis, trop peu pour conclure que Saint-Léger a fait anciennement partie de Darnétal. Si l'on a dit Saint-Léger et Saint-Aubin de Carville, c'est comme l'on dit : Sotteville-lès-Rouen, Déville-lès-Rouen, comme on a dit aussi « Bourdeni-lès-Rouen », en désignant ces villages moindres par le village voisin plus important et surtout mieux connu de la ville de Rouen, dont le village de Carville était si proche. Et d'ailleurs, si l'on veut être logique, il faudrait conclure pour la même raison que Saint-Aubin-la-Rivière était pareillement une quatrième paroisse de Darnétal; ce qui est absolument inadmissible.

Nous ne pouvons davantage souscrire à l'argument tiré des termes « pour un pauvre de Saint-Léger dans l'extension de Darnétal » employés dans l'acte notarié concernant la fondation d'un lit à l'Hospice-Général. Nous devrions peut-être à la rigueur accepter l'interprétation de M. Lesguilliez, si le texte portait « pour un pauvre de Darnétal dans l'extension de Saint-Léger », parce que l'on pourrait comprendre « un pauvre dans le quartier de Darnétal (la Bretèque) qui s'avance dans la vallée de Saint-Léger » ; mais les termes tels qu'ils sont produits dans l'acte ne sauraient se prêter à cette interprétation. Les habitants d'une commune ne peuvent être compris dans l'extension d'une autre commune. A notre humble avis, cette expression, ou bien signifie « un pauvre natif de Saint-Léger et actuellement habitant dans l'étendue de Darnétal », ou bien est simplement la désignation de celle des communes qui portent le nom de Saint-Léger, c'est-à-dire la commune de Saint-Léger qui est dans l'extension ou banlieue de Darnétal. Évidemment, en l'an 1757, l'industrie grandissait dans la commune. Grâce aux habitations et aux ateliers qui s'élevaient alors dans la Bretèque, une continuité plus marquée s'établissait entre ce quartier et le territoire de Darnétal, donnant à celui-ci une sorte d'extension ; mais cette continuité ne pouvait modifier la délimitation traditionnelle des deux communes.

Et au sujet de cette donation, qu'on nous permette, en passant, cette réflexion : si, comme il nous est arrivé à nous-même, quelque lecteur venait à se demander comment, ce lit ayant été fondé à l'Hospice-Général par M. Robert Lenoble, ancien conseiller échevin et ancien prieur juge consul à Rouen, pour une somme de 7,340 livres 16 sous, à la charge de recevoir à perpétuité un pauvre de la commune de Saint-Léger, le bureau de bienfaisance de Darnétal a pu être autorisé par le ministre de l'intérieur, en 1815, à reprendre possession de ce lit et à en user au profit des seuls indigents de Darnétal, à l'exclusion des pauvres de Saint-Léger (ou au moins des pauvres de la Bretèque, si l'interprétation de M. Lesguilliez est la vraie), nous ne saurions nous charger de faire la réponse.

Pour nous, nous n'hésitons aucunement à considérer le Bourdeni comme un village d'origine fort ancienne, tout aussi ancienne que celle de Carville, et ayant eu de temps immémorial son autonomie communale, administrative et religieuse, propre et séparée, comme sont physiquement distinctes les vallées occupées par le Bourdeni et par Carville. De tout temps la commune a été formée de trois hameaux, celui du manoir de Bourdeni et celui de la Bretèque, formant l'un le haut, l'autre le bas de Saint-Léger, et reliés entre eux par un troisième, le Vert-Buisson, avec ses vergers et masures. De plus, nous pensons que c'est, non pas dans le bas, mais dans le haut de Saint-Léger que s'est formé primitivement le village, autour du manoir et sur le coteau du Vert-Buisson, près de l'ancienne voie royale, à l'abri des inondations et en dehors du voisinage du fort du Roule, et ainsi s'explique naturellement la construction de l'église, elle aussi, dans le haut de Saint-Léger.

Enfin nous ferons observer qu'il serait téméraire de juger de ces temps reculés d'après la situation présente des lieux. Ce qui est aujourd'hui la ville de Darnétal n'était au milieu du XIIIe siècle qu'un petit village, qui, Carville et Longpaon compris, comptait seulement cent quarante feux, soit sept cents habitants ; et le village de Bourdeni, à cette même époque, comptait seulement trente-cinq feux, soit cent soixante-quinze habitants.

—

Histoire de Saint-Léger jusqu'à la Révolution.

Ce que nous avons trouvé comme faits saillants d'histoire locale dans nos modestes recherches tiendra bien peu de place dans ce récit. On peut croire que les ducs de Normandie durent parcourir souvent cette commune dans leurs chasses, au milieu des forêts qui couvraient alors les environs de Rouen, leur capitale, mais surtout dans leurs parties de pêche. Les ducs de Normandie avaient dans leur domaine propre ce qu'on appelait le vivier de Martainville, lequel se composait de toute la rivière d'Aubette, depuis sa source jusqu'à la porte de Martainville. Ce vivier passa naturellement dans le domaine de la couronne royale, quand, en 1204, Philippe-Auguste s'étant emparé de Rouen sur Jean sans Terre, la Normandie perdit son indépendance.

En 1259, l'archevêque Odon Rigaud en fit l'acquisition du roi Louis IX, moyennant 45 livres de rente; mais trois ans après, de nouveaux échanges avaient lieu entre l'archevêque et le roi, en vertu desquels le vivier de Rouen rentrait dans la propriété du roi et de ses successeurs, à perpétuité, avec ses dépendances et tout le droit en justice, sans aucune réserve à la mouture des bourgeois de Rouen ou des faubourgs. L'archevêque se réservait toutefois franche mouture auxdits moulins pour lui-même, tant pour son hôtel de Rouen que pour tout autre lieu de sa résidence. Le roi, redevenu possesseur du vivier et des moulins, par une charte donnée en novembre 1262, les vendit, en même temps que les belles halles et le marché de la Vieille-Tour et les quais, à la ville de Rouen, qui devint ainsi propriétaire des deux rivières d'Aubette et de Robec.

A cette époque, avons-nous déjà dit, le village de Bourdeni comptait cent soixante-quinze habitants. Il faut croire que l'occupation anglaise fut désastreuse pour lui, car en 1437 on n'y trouvait plus que dix-huit personnes payant fouage (1) et de plus deux exempts et neuf pauvres; il avait donc été complètement ruiné.

En 1449, Saint-Léger, comme Darnétal et les environs, fut occupé par Charles VII et par le brave Dunois, lorsqu'ils vinrent mettre le siège devant la ville de Rouen, et en chasser définiti-

(1) Redevance féodale exigée pour chaque feu.

vement les Anglais, qui l'occupaient depuis trente ans, et avaient à leur tête le duc de Sommerset et Talbot.

Les guerres de religion et de la Ligue qui suivirent dans le siècle suivant ne purent pas favoriser son relèvement.

Les haines religieuses se compliquèrent dans nos régions de rivalités commerciales. La communauté des drapiers drapants de Darnétal était absolument distincte de celle des drapiers de Rouen. Elle avait ses règlements propres, son genre de fabrication spécial. De là une concurrence et des rivalités de métier très vives dès le xve siècle, et qui continuèrent dans les siècles suivants. Les drapiers de Rouen mirent tout en œuvre pour empêcher la fabrication de Darnétal, accusant celle-ci de faire du tort à celle de Rouen, de donner des produits inférieurs, de fouler les draps au moulin à foulon et non au pied, comme l'exigeaient les statuts rouennais. Néanmoins, la corporation de Darnétal parvint à se faire reconnaître par lettres patentes royales; mais les querelles, les séditions étaient fréquentes, à tel point qu'on songea, sous François Ier, dans les conseils du roi et plus tard dans le Parlement de Rouen, à raser Darnétal.

Lorsque les questions religieuses vinrent jeter dans le pays un nouvel élément de discordes, les haines devinrent plus furieuses encore ; et le jour de la Pentecôte, 17 mai 1562, les calvinistes, maîtres de Rouen, après avoir dévasté Notre-Dame et plusieurs autres églises de la ville, se répandirent dans la ville de Darnétal, promenant l'incendie, pillant les maisons et les églises, brisant les statues ; en un mot, commettant toutes sortes d'excès. Saint-Léger, proche de Darnétal et exerçant la même industrie, participa aux mêmes haines et aux mêmes dévastations, ainsi que nous le verrons plus tard à propos de l'église.

Le roi, ému de ces désordres, se mit en campagne pour reprendre Rouen aux calvinistes, et vint avec 16,000 hommes et 2,000 chevaux, cette même année, mettre le siège devant cette ville, défendue par Montgommery.

La présence de Charles IX, alors âgé de dix à douze ans, est historiquement constatée à Bourdeny à la fin de l'été 1562, pour diriger le siège de Rouen, occupé par les protestants. Voici ce que nous lisons dans André Pottier :

« Le roi étant arrivé à Bourdeny près Rouen, il fut amené, huit jours avant la Saint-Michel 1562,

40 pièces de canon : les unes furent braquées devant le fort Sainte-Catherine, les autres devant la ville, près la porte Saint-Hilaire. Ledit fort fut battu sept ou huit jours et pris par les gens du roi, et il y eut plusieurs hérétiques tués ou blessés avec un capitaine nommé Louis, qui gardait ledit fort ; lequel fort étant pris, la ville fut après assaillie et fort battue dudit côté Saint-Hilaire, et, après plusieurs assauts, elle fut prise où il n'y eut pas grande effusion de sang, car le duc de Guise fit sonner la retraite et défense de piller ladite ville que l'espace de vingt-quatre heures. »

Il est constant pareillement que le Bourdeni fut le théâtre et la victime d'opérations militaires lors du siège de la ville de Rouen en 1591 par Henri IV.

Pendant ce siège fameux, le dernier qui ait été mis devant cette ville, et qui dura tout un hiver, du 11 novembre au 20 avril, Henri IV ne quitta pas les environs de Darnétal. Non seulement il y eut des batailles et des assauts ; mais, d'après Farin, l'historien de Rouen, de grands travaux furent entrepris par les assiégeants. « Ils détournèrent le cours de Robec, mais ils ne purent détourner celui d'Aubette. Ils arrêtèrent le cours des fontaines. » On peut supposer que ces travaux ont été en partie exécutés dans notre région, au moins vers le bas de Saint-Léger. Les boulets, bombes, projectiles qu'on a trouvés sur la côte du Roule, au sentiment des archéologues, datent de l'époque du grand Henri. Les assiégés eurent à souffrir de grandes privations de toute sorte et de grandes pertes en hommes. Parmi les morts de distinction, Farin cite Guillaume de Bauquemare, sieur de Branville, cousin des sieurs de Bourdeni. Mais néanmoins Henri IV ne put parvenir à réduire la ville. Le duc de Parme arrivant au secours de Rouen, il dut lever le siège : en se retirant, son corps d'armée, rapportent les *Economies* de Sully, suivit la vallée d'Aubette, par conséquent traversant Saint-Léger, pour se rendre à Fresne-le-Plan, où ce grand homme coucha.

Malheureusement, les boulets avaient causé des désastres. Ainsi, nous verrons plus loin, d'après un contrat de fief, le prieur de Saint-Lô vendant à un paroissien de Saint-Ouen de Longpaon, dans le fief de la Picauderie, une place vide où il y avait antérieurement un moulin à fouler les draps et autres édifices ruinés durant la guerre et le siège de Rouen en 1592. Il y eut vraisemblablement bien d'autres dégâts dans la commune, en particulier dans la ferme de la Lande.

Nous n'avons pas pu nous procurer les éléments suffisants pour apprécier l'état de l'industrie à cette époque dans la commune ; mais assurément le village de Bourdeni était manufacturier. Nous avons la preuve qu'avant la fin du xvie siècle il existait dans la commune au moins cinq moulins à fouler les draps, dont trois dépendant de la seigneurie de Bourdeni et situés, croyons-nous, près du manoir (1), un dans le fief de la Picauderie dont nous venons de parler, et qui, d'après le contrat de vente, devait être rebâti ; enfin un cinquième cité dans ce même contrat et situé au-dessous de Sainte-Marguerite. Evidemment le Bourdeni participait aux industries de Darnétal; les habitants étaient surtout drapiers, toiliers en fil et coton ; et lorsque, au xviie siècle, le commerce et l'industrie reçurent de Colbert une impulsion si puissante, le village, ayant retrouvé la tranquillité, après les fréquentes secousses des guerres, ne demandait qu'à renaître. Déjà en 1707 on y compta 88

(1) Aveu au roi en 1578.

feux, soit 440 habitants ; et l'accroissement fut rapide, car vers 1740 la population atteignait presque le chiffre de 800 habitants ; et vers la fin du siècle, les 88 feux des premières années étaient devenus 233, donnant ainsi une population approximative de 1,160 habitants.

Une nouvelle branche d'industrie venait de naître dans la commune, la teinture en rouge des Indes. D'un autre côté, des premiers, lors de l'introduction des mécaniques dans notre région, devançant même Darnétal, au dire de M. Lesguilliez, dans cette voie du progrès, des industriels de Saint-Léger montaient des filatures hydrauliques, pour remplacer le rouet traditionnel avec lequel une fileuse pouvait à grand'-peine filer au plus deux onces de coton par jour.

Elles sont bien rares, comme on le voit, les chroniques de faits locaux que nous avons pu recueillir; mais, à leur défaut, nous pourrons donner quelques détails concernant les principaux établissements situés alors dans la commune, et qui seront un complément du récit historique. Jetons un coup d'œil successivement sur la seigneurie et le château de Bourdeni, sur la Picauderie, sur la léproserie et la chapelle

Sainte-Marguerite, sur l'église, sur les Grecs, et par supplément sur le fort du Roule.

I. Seigneurie et Chateau de Bourdeni.

Quoique non comparable à la très haute et très puissante seigneurie de Préaux, laquelle n'avait pas de rivale dans la contrée, la seigneurie de Bourdeni peut légitimement être rangée parmi les grands fiefs de la région. On va pouvoir en juger par la teneur de l'aveu présenté par le seigneur en 1578 au roi Henri et à la reine sa mère : « Plein fief de Haubert qui s'étend sur Saint-Léger, Carville, Saint-Aubin-la-Rivière, Epinay, Notre-Dame-de-Franqueville, où j'ai tous droits et devoirs seigneuriaux, droit de colombier tor et ver, amendes, forfaitures, et autres droits à plein fief de Haubert d'après les coutumes de Normandie, duquel lieu sourdent plusieurs eaux et rivières appartenant à ladite seigneurie. J'ai plusieurs moulins à blé et à draps édifiés sur la rivière, plusieurs autres places de moulin non édifiées. J'ai droit en ma seigneurie de jauge, poids et mesures. *Item*, j'ai droit de faire commettre par mon sénéchal barde (1) sur tous les métiers étant sur ma dite seigneurie, lequel fief je tiens du roi et de la reine sa mère. »

Suit l'énumération de toutes les propriétés dépendant de la seigneurie dans chacune des paroisses séparément.

Domaine non fieffé :

« Manoir seigneurial contenant vingt-cinq acres environ, clos de murs de pierre et de caillou, dans lequel est enclos un château de brique et de pierre de taille ayant fossés à l'entour et pont-levis avec plusieurs autres corps de maison tant à loger que étables, granges et pressoir, colombier à pied, bois taillis, futaies en rangées, prairies, vergers, terres labourables, jardin de plaisir, la rivière passant au milieu dudit enclos, borné d'un côté le grand chemin du roi qui va à Rouen, d'autre côté la fieffe faisant de Mme la connétable, d'une pièce de terre contenant 20 acres dépendant de la terre et seigneurie de Préaux ; d'un bout ledit seigneur de Bourdeny, d'autre bout dudit sieur de Bourdeny à cause de la pièce de terre..... *Item*, un moulin

(1) Mon gendarme armé en chevalier.

à blé dont sont baniers (1) les sujets de ladite seigneurie. *Item*, un moulin à fouler les draps. *Item*, deux moulins à fouler les draps. » D'après les abornements indiqués, ces moulins paraissent situés aux environs du château.

En plus, quinze différentes pièces de terre sur la paroisse de Saint-Léger, d'une superficie totale d'environ 50 acres, un bois taillis de 22 acres, un pâtis de 12 acres, une masure nommée le Vert-Buisson, contenant une acre, et le moulin sur Saint-Aubin, forment le domaine non fieffé. Ajoutons encore 4 acres de terre avec une petite masure, que tiennent les malades de Sainte-Marguerite et pour lesquelles la léproserie doit 8 livres de rente seigneuriale, quand il y a des malades ; quand il n'y en a pas, la propriété desdites quatre acres appartient au seigneur.

Domaine non fieffé.

Le reste du domaine de la seigneurie était fieffé par parties à des particuliers, moyennant des redevances qui nous paraissent assez modiques. Dans la commune de Saint-Léger, on voit qu'une bonne partie des terres situées sur la gauche de la rivière depuis le Val-Audin

---

(1) Où ils sont obligés de faire moudre leurs grains.

jusqu'au chemin des Trésoriers et toutes les terres situées dans le quartier de l'église dépendaient de la seigneurie. Et comme d'ailleurs les seigneurs de Bourdeni avaient en partie doté eux-mêmes les religieux de Saint-Lô de leurs biens dans Bourdeni, on peut conclure qu'à un moment donné la paroisse à peu près entière dépendait du seigneur de Bourdeni. D'ailleurs, au XIe siècle, il avait droit à deux parties de la dîme dans la paroisse. Dans celle de Carville, il possédait pareillement une quantité considérable de maisons et de prairies situées surtout, nous semble-t-il, entre l'Aubette et les coteaux de Blosseville-Bonsecours. L'énumération des biens sur Saint-Aubin et sur Franqueville est également fort considérable. De tous ces biens fieffés était dû au seigneur le treizième, service de prévôté et autres droits et devoirs seigneuriaux selon la coutume de Normandie. Toutes ces sortes de redevances ont été abolies par la Révolution.

Nous ne connaissons pas l'origine de cette seigneurie, qui est d'une haute antiquité. Les premiers seigneurs dont nous avons relevé les traces sont Simon de Bourdeni et Michel de Bourdeni, qui furent donateurs en faveur des religieux de Saint-Lô de Rouen au XIIe siècle, à l'origine de leur prieuré.

Dans l'histoire de Normandie, nous lisons les noms de Regnault de Bordeny, qui fut témoin d'une charte donnée à Briston par Henri, duc de Normandie, en 1153; de Geoffroy de Bordeny, qui témoigna des coutumes des moulins de Rouen, lorsqu'ils furent passés des mains du roi en celles de l'archevêque. Au XVIe siècle, les seigneurs de Bourdeni sont des Bauquemare; ils portent tous d'azur un chevron d'or accompagné de trois mufles de lion. Cette époque dut être très brillante pour la seigneurie de Bourdeni. En 1533, Jean de Bauquemare, fils d'un autre Jean de Bauquemare, seigneur de Bourdeni, Normand de race, était conseiller au Parlement de Normandie; il mourut, laissant l'héritage de sa seigneurie à son frère Jacques de Bauquemare. Celui-ci fut pendant vingt ans, de 1565 à 1585, premier président du Parlement de Normandie, où il se distingua par des discours d'un grand intérêt, qui ont été conservés. Il fut le premier des quatre commissaires chargés de la rédaction de la Coutume de Normandie. C'est lui qui a présenté en 1578 au roi Henri III l'aveu dont nous avons parlé et où il s'intitule

« conseiller du roi en son conseil privé, premier président du Parlement de Rouen. » Il fut enterré dans l'église Saint-Lô de Rouen.

En 1618, Charles de Bauquemare est président aux requêtes. A la date du 20 novembre 1729, le seigneur de Bourdeni est Nicolas-Joseph-Balthazar de Langlade, seul descendant et héritier des seigneurs de Bauquemare. Les biens et fiefs de ce seigneur passèrent dans la famille de Belbeuf en 1758.

Au rôle des vingtièmes, 7 septembre 1779, M. de Belbeuf, seigneur de la paroisse, figure pour ses biens avec cette mention :

1° Le manoir seigneurial consistant en un ancien château, cour d'honneur et jardin tenu par lui. . . . . mémoire ;

2° Une ferme tenue par Nicolas Hébert, revenu. . . . . 1,580 livres ;

3° Une maison et bâtiments. 150 livres ;

4° Droit de pêche et rente seigneuriale tenus par lui. . . . . 135 livres.

Le manoir était situé au fond de la vallée dans sa première sinuosité, à l'intersection de deux gorges débouchant, l'une des plateaux de Saint-Jacques, l'autre du plateau de Franqueville (Val-Angran et Val-Audin), ayant vue sur la ville de Rouen et abrité de ce côté par un petit mamelon. Le parc comprenait toute la prairie depuis le Val-Audin et se relevait sur le versant de la côte en face du château. L'entrée principale du manoir était, non pas sur le chemin du roi, mais sur la sente du Bourdeni, qui s'arrêtait là devant la porte seigneuriale. Le château proche de l'Aubette est une construction en briques et pierres, de longueur et de hauteur très modestes, d'un style très simple, mais avec ses fenêtres à angles droits et son toit élevé bien caractéristique des demeures du milieu du XVIe siècle. La cave renfermait une geôle. Il était entouré de fossés, remplis autrefois par l'eau de la rivière. L'entrée du château, ainsi que le pont-levis, était au levant. Au mur du château au midi est attenante une tourelle de forme ovale avec fenêtres cintrées à un seul meneau, dans laquelle était une gracieuse chapelle.

Par acte passé devant Me Mauduit, notaire à Rouen, le vendredi 3 avril 1688, le seigneur, Jérôme de Bauquemare, maréchal des camps et armées du roi, gouverneur de Bergue, dota cette chapelle d'une rente foncière et irracquittable de 50 livres à payer, chaque année, sur la terre de Bourdeni, à charge par le chapelain de célébrer

50 messes basses, et s'obligea à fournir tous les ornements nécessaires pour la célébration de la messe. Le curé de Bourdeni, Georges Ansoult, donna un avis favorable à l'érection de cette chapelle, dont il loue fort les ornements et la décoration. Il en fait une description bien conforme, à ce que témoignent les vestiges qui sont restés à l'intérieur : « construction en briques, en forme de tour, sur le fossé, à l'aile gauche du château, autel à l'orient, lambris de belle menuiserie de quatre à cinq pieds de hauteur, voûte (haut en dôme) figurée d'une fort belle peinture bleu ciel avec arabesques. » Et l'archevêque de Rouen l'érigea en titre de bénéfice presbytéral perpétuel et irrévocable sous le titre de Saint-Jérôme, patron du fondateur, à la présentation du fondateur et de ses héritiers, par lettres du 10 mai 1688. Le culte dut y être exercé jusque vers l'époque de la Révolution.

De ce manoir, il ne reste presque plus rien. Les murs, les futaies, la plupart des bâtiments avoués par Jérôme de Bauquemare, le colombier, en particulier, qui était une construction remarquable et portait le millésime de 1559 avec les initiales de Jacques de Bauquemare, ont disparu. Une partie des fossés demeure encore, mais la rivière n'y a plus d'accès. Il n'a guère survécu que l'habitation, convertie aujourd'hui, ainsi que la chapelle, en maison de fermier, et la porte du manoir, œuvre de la Renaissance, en pierres de taille avec fronton, vraiment intéressante par son cachet et aussi par son état ruineux. Encore un témoin des splendeurs du passé qui s'apprête à ajouter ses débris à tant d'autres victimes du temps disparues ou en train de disparaître !

La nouvelle route de Lyons a coupé en deux parties cet ancien domaine seigneurial, qui est sorti des mains de la famille de Belbeuf depuis la guerre de 1870 et a été acheté par Mme Sasle, de Rouen, propriétaire actuelle.

II. La Picauderie.

La Picauderie était un fief assez important appartenant aux chanoines réguliers du prieuré de Saint-Lô, comprenant deux hôtels, deux moulins, des prairies et d'autres terres tant en labour qu'en bois taillis. Cette dénomination du fief vient du nom de l'hôtel principal qu'ils y possédaient, et qui, si nous ne nous trompons, était le bâtiment actuellement à usage de cave dans l'ancienne ferme, aujourd'hui fabrique de Mme Boulanger, laquelle a conservé encore le nom de ferme de la Picauderie. Le moulin du pont Saint-Lô était une dépendance de ce fief.

Pour accéder à leur fief, les religieux, venant de la Bretèque, longeaient la rivière sur un chemin devenu depuis la grande rue de Saint-Léger et qui alors s'avançait en ligne droite jusqu'à leur hôtel, où il prenait fin. (Les propriétaires du terrain de la Picauderie ont depuis supprimé la partie de cette rue qui était sur leur propriété et pour leur usage exclusif.) Ou bien encore les religieux, venant de Rouen, suivaient la petite rue de la Bretèque, et, ayant traversé la rivière, ils se trouvaient sur le chemin qui conduisait à leur hôtel. Au midi, une sente dite de la Picauderie, sente étroite et seulement pour un cheval, les mettait en communication avec le chemin du Roi et la chapelle Sainte-Marguerite.

Le second hôtel qu'ils possédaient dans la paroisse était la maison de la Lande, sur le plateau au midi, que, dans un aveu à Louis XV, ils nomment « le franc et noble manoir de la Lande », auquel était attenante la mare de *Bourdeny* placée derrière la maison de la Lande du côté du Mesnil.

Ce fief de la Picauderie était une seigneurie ; les religieux s'intitulaient « seigneurs du fief et terre de la Picauderie », et ils recevaient les aveux de leurs vassaux dans leur manoir de Bourdeni. Voici en quels termes Henri, roi de France, par lettres patentes du 11 avril après Pâques 1554, confirmait les droits de cette seigneurie : « Les religieux de Saint-Lô possèdent de temps immémorial, et ne relevant que du roi, deux fiefs nobles en la paroisse de Bourdeni avec droits de justice et juridiction, de colombier et autres droitures à fiefs nobles, sans aucunes charges et redevances envers tout autre seigneur. »

L'origine de ce fief remonte au XIIe siècle : les seigneurs de Bourdeni en furent les premiers donateurs. Un document authentique de 1186 nous permet de relever l'état de ce fief à cette date. Il se composait : 1° d'une prébende donnée aux religieux par Simon de Bourdeni, comprenant *l'église*, un moulin (1) et deux parts de la

(1) Ce moulin est-il celui qui a pris le nom des religieux placé à l'extrémité de la Bretèque ou le moulin dit de la Picauderie, qui était au XVe siècle à usage de moulin à foulon ? Nous laissons à d'autres plus compétents le soin de le préciser.

dîme qui appartenaient à Simon dans son domaine en cette paroisse, 2° d'une aumône de Michel de Bourdeni consistant en une masure et la terre dite « le Balnéatoire » (1) de Simon et la terre de la mare de Bourdeni, auprès du Balnéatoire de Simon, le tout ensemble 8 acres, et 2 acres qu'occupait Othel, les prés compris entre ceux des chanoines et le pré de Bigot et une autre terre dite « d'un des arbres » avec les prés tels qu'ils sont indiqués dans les chartes de Michel. On possède la charte d'après laquelle Michel de Bourdeni et son épouse donnent aux religieux de Saint-Lô tout le pré qui est entre le pré de Bigot et la fontaine Barlot, moyennant une redevance annuelle d'une demi-livre de poivre à perpétuité. Nous ne croyons pas nous tromper en pensant que cette donation de Michel de Bourdeni comprenait d'un côté la terre de la Lande, de l'autre les prés de la Picauderie.

Grâce à des donations, principalement des seigneurs du Mesnil et d'un sieur Guillaume de Semilly, et aussi par suite de transactions avec divers particuliers, leur fief s'étendit peu à peu

(1) Lieu où l'on baigne, bassin.

dans la paroisse de Bourdeni, dans celle de Carville et surtout dans celle du Mesnil, dont ils obtinrent la cure. Ils devinrent en particulier possesseurs d'une grande partie des côtes et bois situés au-dessus du Val-Audin, tant sur la paroisse du Mesnil que sur celle de Franqueville au delà des communes pâtures de Saint-Léger et du Mesnil, et aussi de plusieurs masures et vergers aux environs de l'église du Mesnil. Mais leur plus beau domaine était évidemment la ferme de la Lande, qui comprenait, d'après leur aveu au roi et les baux passés avec leur fermier, « 55 acres de terre labourable, compris les bâtiments, clos, pâturages et place de colombier, ruiné pendant les guerres civiles, 18 acres de pâtis et 12 acres de bois taillis. »

Nous avons dit précédemment que, lors du siège de Rouen, un moulin à fouler les draps et d'autres bâtiments dépendant de la Picauderie avaient été détruits et que le terrain resté vide avait été vendu par les religieux de Saint-Lô. Ce moulin nous paraît sûrement celui qui aujourd'hui est la propriété de M. Lavoisier, derrière la filature. Voici en effet les abornements donnés par le contrat de vente : « Cette place vide (1) est bornée par l'Aubette, joignant les marais dudit fief de la Picauderie, par Philippe Le Prévost, et d'autre bout la rue tendant de la Bretèque à la Picauderie. » Les conditions de la fieffe étaient : « moyennant hommage et 4 livres tournois de rente foncière seigneuriale et perpétuelle par an et obligation de ban de moulin au moulin à blé » dudit fief de la Picauderie et faire le service de prévôté (2) à ladite seigneurie à son tour, entretenir les cours et chaussées de ladite rivière d'Aubette, *depuis le moulin à drap qui soule être au-dessous de Sainte-Marguerite* jusqu'à ladite vide place de présente fieffe ; faire le curage des prés de ladite fieffe en temps accoutumé et obligation de reconstruire sur place un moulin à fouler les draps. »

Le moulin pour lequel les religieux revendiquent dans cet acte la banalité était le moulin de Saint-Lô. Il a subi depuis bien des vicissitudes : moulin à blé à son origine et pendant des siècles, il a été depuis cent cinquante ans moulin

(1) Cette place vide est certainement le verger compris entre la maison de Mlle Pimont et son jardin. L'emplacement occupé aujourd'hui par ses établissements était alors des marais.

(2) Service de garde.

à peaux, puis moulin à alizari. Redevenu moulin à blé, il a été ensuite converti en filature de coton. Il était il y a quelques années à usage de scierie, et, après un arrêt de quelques années, il est utilisé aujourd'hui pour le dégraissage des déchets de coton.

Ainsi donc, il existait vers la Bretèque une deuxième seigneurie, occupant le bas de Saint-Léger (1), comme celle de Bourdeni occupait la partie haute. Les religieux de Saint-Lô étaient les seigneurs de l'église et de la paroisse et présentaient à la cure. Ils défendirent de tout temps leurs droits de seigneur avec énergie. A diverses reprises la seigneurie de Préaux essaya d'empiéter sur les droits des religieux et de leur imposer des redevances, mais sans pouvoir y réussir.

A la fin du XIIIe siècle, le seigneur Pierre, chevalier, voulut exercer les droits de patro-

(1) Nous ne pouvons nous empêcher, avec l'historien de Darnétal, de faire la comparaison entre le bas de Saint-Léger aujourd'hui couvert d'habitations, d'ateliers de travail, si peuplé, si vivant, et le bas de Saint-Léger alors pré sans valeur, marécageux, où l'on ne voyait peut-être d'autres bâtiments que le moulin de Saint-Lô, la maison du meunier, la maison dite hôtel de la Picauderie, le moulin à foulon et quelque grange.

nage sur la paroisse en présentant à l'archevêque Guillaume de Flavacourt un clerc à lui pour la cure de Bourdeni, vacante par la mort de Robert dit Romond, recteur d'icelle décédé. Mais les religieux qui tenaient ce droit de Simon de Bourdeni et qui, sous l'archevêque Thibaut (1222-1231), l'avaient exercé déjà, ne le cédèrent pas, et le seigneur de Préaux dut renoncer à ses prétentions. Par lettre en date du mercredi des Cendres, 19 février 1298, adressée à l'archevêque, il déclara avoir ignoré les droits des religieux de Saint-Lô, droits qu'il a connus depuis ; retirer sa présentation et les empêchements qu'il avait mis, et donner tant pour lui que pour ses héritiers par lettres scellées de son sceau acte de renonciation. En conséquence, il requiert l'archevêque de recevoir le sujet présenté par les religieux, s'il est personne convenable, sans tenir compte de lui et de son opposition.

Au XVIe siècle, le seigneur de Préaux molestait sans doute encore les religieux et prétendait comprendre leurs biens dans ses fiefs, car c'est sur leurs plaintes et nommément contre le seigneur de Préaux que le roi Henri, en 1554, donna les lettres-patentes que nous avons déjà citées, afin de maintenir leurs droits.

Le curé de Saint-Léger, aussi au XVIe siècle, voulut essayer de se soustraire à l'obligation de la redevance annuelle de la cure au profit des religieux; il fut par sentence condamné à leur payer 5 livres de rente par chaque année.

Mais tout naturellement ce fut avec les seigneurs du lieu que les contestations s'élevèrent le plus fréquemment, tantôt pour leurs tenures, tantôt pour la banalité de leur moulin que les religieux avaient établie, tantôt à l'occasion de querelles entre les fermiers des deux seigneuries, les seigneurs prenant parti chacun pour leurs vassaux. Un procès notamment eut lieu au XVIIIe siècle entre les religieux et le seigneur de Bourdeni, qui fut très long et qui fut perdu par les religieux.

En réalité, cette seigneurie n'avait qu'une importance secondaire, et il faut croire qu'elle n'inspirait pas aux habitants eux-mêmes une crainte bien vive, car nous avons eu sous les yeux un mandement du lieutenant du vicomte de Rouen qui autorise les religieux de Saint-Lô, en 1551, à faire procéder par leur sénéchal à la mise en vente de terres vagues, ruinées et pillées par les habitants, et qu'ils sont impuissants à protéger dans leur fief de la Picauderie, dans les communes de Bourdeni, Carville et le Mesnil.

Au rôle de 1790, tant le prieur que les religieux possédaient dans la *seule* commune de Saint-Léger environ 5 acres de clos, jardins et masures avec bâtiments, 14 acres de prairies, 111 acres de terre, 5 acres de pâtis, le tout avec les grosses dîmes estimées environ 3,600 livres de rente. Tous ces biens furent vendus à la Révolution comme biens nationaux.

III. Léproserie et chapelle Sainte-Marguerite.

Cette léproserie était située sur le versant de la côte de Bonsecours, à deux cents mètres environ des vergers du Bissonnet, dans les champs, non loin de l'endroit du chemin du Vert-Buisson, où on voyait encore, il y a quelques années, une borne en grès portant ces mots : « Limite de la garnison de Rouen. »

On sait que, d'après les anciennes lois et coutumes, ceux qui étaient atteints du terrible mal de la lèpre devaient se séparer des vivants pour se rendre dans les maisons de refuge affectées aux paroisses où ils habitaient. Ces maisons étaient nombreuses. Il en existait une à Carville pour certaines paroisses de Rouen. « Celle de Saint-Léger était affectée, dit M. de Beaurepaire, aux lépreux des paroisses de Saint-Léger, de Saint-Maclou de Rouen, de Saint-Cande le Vieux et de Saint-Paul. »

A cette très ancienne léproserie, était adjointe une chapelle dite de Sainte-Marguerite, fréquentée par de nombreux pèlerins, surtout par les femmes avant leurs couches.

Voici ce que nous lisons à son sujet dans l'*Histoire de la ville de Rouen* par Farin : « La chapelle de Sainte-Marguerite de Bourdeny, au delà de Carville, appartient aux églises de Saint-Maclou, de Saint-Cande le Vieil et de Saint-Paul. C'est un lieu où autrefois ces trois églises envoyaient leurs paroissiens qui étaient malades de la lèpre, et on trouve que l'an 1524 il y avait encore un malade logé dans une maison qui est maintenant ruinée. Cette chapelle est titulaire ; la nomination en appartient à l'archevêque. Les susdites paroisses jouissent également de son revenu, quoiqu'il soit bien médiocre, car on remarque qu'en l'an 1441, par sentence de l'official, les paroissiens de Saint-Maclou qui faisaient le pain bénit furent condamnés à payer cinq sols pour les lépreux de Sainte-Marguerite, quand même il n'y en aurait point, parce qu'en ce cas les mêmes cinq sols retourneraient au profit du Trésor pour ce qui est des réparations de cette chapelle. Les susdites églises sont obligées de payer chacune leur part également par sentences de l'official données aux années 1446, 1447 et 1476. »

Cette chapelle a donné son nom au chemin qui conduisait de Carville à la léproserie et aussi à un des deux moulins situés alors en face d'elle, dans le bas de la vallée, lequel moulin de Sainte-Marguerite pourrait bien avoir été le moulin à blé banal du seigneur de Bourdeni. La chapelle a survécu longtemps après la léproserie. Elle n'a été détruite qu'à l'époque de la Révolution.

Ne quittons pas la léproserie de Sainte-Marguerite sans raconter un fait qui s'y rattache, emprunté à la chronique rouennaise publiée par M. de Beaurepaire : « En 1397, il y avait à Rouen un bourreau très voleur et assassin. Il avait pendu un homme pour un crime dont c'était lui-même qui était coupable. Il se mit à tuer et à voler les pauvres lépreux de Bourdeni, c'est-à-dire ceux qui habitaient la léproserie de

Sainte-Marguerite et qui sans doute allaient par les chemins recueillir les aumônes, et il empoisonnait, dit-on, les eaux potables au moyen de poudres que lui fournissait un Jacobin. Il vola de même le prieuré de la Madeleine de Rouen, qui était alors sur la place de la Calende, où l'on en voit encore une partie en face le portail. Il eut la tête tranchée à cause de ses crimes et fut ensuite pendu, suivant l'usage, aux fourches de Bihorel, et avec lui un nommé Pinchonnel. »

IV. L'Église.

Nous croyons pouvoir affirmer qu'il n'y a jamais eu qu'une seule église dans la commune, que cette église n'a jamais été au hameau de la Bretèque, mais toujours au Bourdeni même, et sur l'emplacement de l'église actuelle ; laquelle n'a jamais été une simple chapelle, mais l'église paroissiale. L'édifice nous donne lui-même, sinon son acte de naissance, du moins son acte de baptême, par une pierre commémorative absolument authentique en lettres gothiques encastrée dans les murs. On y lit :

« L'an de grâce 1553, le dixième jour du mois d'août, fête de saint Laurent, révérend père en Dieu Etienne Paris, docteur en sacrée théologie de l'Université de Paris, évêque d'Abelonne, suffragant du révérendissime cardinal Charles de Vendôme, archevêque de Rouen, et son vicaire général, dédia cette présente église en l'honneur et révérence de Dieu, de la vierge Marie et de Mgr saint Léger, patron de cette église; et ce même jour ledit évêque a béni les trois grands autels d'icelle église, étant alors curé vénérable et discrète personne maître Alain le Boulenger, curé et desservant en ladite paroisse, et Robert Saquespée, Jehan Lemonnier et Pierre...., trésoriers, à la requête desquels et d'autres paroissiens de ladite paroisse, considéré que, premièrement, ladite église avait été dédiée le prochain jour d'après la Nativité de saint Jehan-Baptiste, ledit évêque, par l'autorité d'icelui archevêque, a translaté à célébrer ladite fête de la dédicace audit jour prochain en suivant la Nativité de saint Jehan-Baptiste, et a donné, ledit évêque, à tous fidèles chrétiens qui, depuis les premières vêpres jusques aux secondes exclusivement d'icelle fête, visiteront par dévotion ladite église et donneront de leurs biens, quarante jours de pardon.

Priez Dieu pour les bienfaiteurs de cette église. »

De ce document où, chose remarquable, ne figurent les noms ni des religieux de Saint-Lô, patrons de l'église, ni du seigneur de Bourdeni, il résulte donc que la présente église en remplace une plus ancienne dédiée le 25 juin, qu'elle ne fait moralement qu'une avec elle, puisqu'on ne veut pas même changer le jour de l'anniversaire traditionnel, enfin qu'elle était complètement achevée en 1553.

A-t-elle été bâtie d'un seul jet? Et qu'était-elle dans le passé? M. le préfet, en 1831, ayant été informé que cette église menaçait ruine et méritait l'attention des antiquaires, chargea une commission composée de MM. Grégoire, architecte, Pouchet et Gaillard, membres de la Société archéologique, d'en faire la visite. Cette commission se rendit le 31 janvier 1832 à l'église. M. Grégoire dressa l'état des travaux urgents à faire, surtout au portail, dont la chute était imminente. M. Gaillard fut chargé de rendre compte de l'église au point de vue de l'art; nous avons eu le bonheur d'avoir communication de ce second rapport, qui va nous permettre de donner une idée exacte de cette belle église d'autrefois. Nous lisons :

« Le XVIe siècle a dû, dans ses premières années, ériger la nef. Je supposerais le chœur de la fin du XVe siècle. Quant à la muraille extérieure opposée à la porte d'entrée, on y voit à la naissance des arceaux des figures d'anges ailés qui tiennent dans leurs bras une pierre soit plate, soit légèrement creusée, caractères qu'on retrouve dans l'antique abbaye de Graville. Ce qui me fait croire que la nef n'est pas du même temps que le chœur, c'est d'abord que les murailles sont sans liaison entre ces deux corps de vaisseau, puis les arcs-boutants sont simples dans la nef, forts et ornés de dentelures dans le chœur. Enfin, les ogives des fenêtres de la nef sont très pointues, tandis que celles du chœur affectent presque la forme ronde. »

Ainsi donc, au moins le chœur de l'église aurait été bâti peu d'années après les églises de Carville et de Longpaon, dont elle se rapprochait d'ailleurs beaucoup par le style, sinon par la forme. Elle n'a, en effet, qu'une seule mais large nef sans bas-côtés ; le chœur avec abside à trois pans est de même largeur que la nef, ce qui lui donne bien l'aspect d'une chapelle. Elle mesure en longueur 40 mètres environ sur 10 de largeur et 12 de hauteur sous voûte. Elle est donc vaste, spacieuse et très éclairée.

A l'intérieur, hautes voûtes en bois avec poinçons et sommiers en travers pour soutenir la charpente. Une litre armoriée devait courir sur les murs qu'elle entourait comme d'une ceinture. Des peintures murales décoraient au moins le sanctuaire (ainsi qu'on l'a constaté récemment) et le pourtour des fenêtres de la nef (1). Toutes les fenêtres étaient enrichies de verrières. A l'entrée même de l'église, à l'intérieur, au niveau du dallage, est une pierre tombale gravée, figurant le mari et l'épouse, avec ornements de la Renaissance, que nous dirions bien conservée, si précisément l'inscription n'avait été en partie effacée par le frottement des pieds. Les têtes reposent sur un coussin. L'habit du mari est tailladé, la femme a une robe garnie d'une longue chaîne qui pend, après avoir fait ceinture, selon l'usage du commencement du XVIe siècle.

(1) Lorsqu'on a récemment blanchi les murs de l'église, on a tenu à reproduire exactement sur le pourtour des fenêtres du sanctuaire le dessin d'une bordure avec sa teinte, retrouvé au lessivage, autour d'une fenêtre du bas de la nef qui a été bouchée, mais dont l'embrasure ogivale avait été respectée.

Le personnage n'est certainement pas le seigneur de Bourdeni. Est-ce le fondateur ou un bienfaiteur insigne de l'église? En tout cas, il ne semble pas même que ce soit un seigneur, car il n'a pas d'armoiries. Voici ce que nous avons pu lire encore sur cette pierre :

. . . . JEHAN ROULLANT EN SO VIVAT
. . . . . D A SAINT-LÉGER DE BOURDENY LEQL
. . . . . MARS MIL DLIIVII ET. . . . . .
. . . . BARBE, SA FEMME, LAQUELLE DÉCÉDA
LE 10 DE. . . . . MIL D. . . . PRIEZ DIEU
POUR LEURS AMES.

L'histoire de Rouen parle d'un Roullant qui, au XVIe siècle, fit des dons aux chanoines de Saint-Lô, patrons de la paroisse.

A l'extérieur, notons autour du chœur les contreforts avec leurs clochetons décorés, et le cordon formé de crochets à la partie supérieure des murs; et à chaque angle de la façade, deux contreforts peu saillants avec pyramides en application, lesquels, à l'angle du midi, sont accompagnés d'un dais et d'un support et forment une niche. Sur les murs on voit encore, mais détériorés, des écussons avec les armes du seigneur de Bourdeni.

La tour carrée du clocher, suivant l'usage de l'époque, est placée à l'angle nord de la façade ; mais, au lieu d'être en saillie à l'extérieur, elle est prise tout entière à l'intérieur de l'église, ainsi que la petite tourelle ronde qui renferme l'escalier en pierre. Deux des côtés de la tour sont pris sur les murs mêmes de l'église, les deux autres s'appuient sur un fort pilier à l'intérieur de l'église, au moyen d'arcades ogivales qui s'arc-boutent sur les murs et sur ce pilier à une hauteur de cinq à six mètres. Il semblerait que cette tour a été ou devait être voûtée, car à une hauteur d'environ huit mètres, on voit des chapiteaux d'appui sur lesquels reposent des restes d'arceaux en retombée. Mais on peut se demander si jamais cette tour a été terminée, car, au commencement du siècle, non seulement la tour carrée n'avait pas son couronnement naturel, mais elle atteignait à peine extérieurement la hauteur du faîte de l'église.

Rendons maintenant la parole textuellement à M. Gaillard : « La porte principale, écrit-il, offre une boiserie curieuse divisée en deux panneaux. L'ensemble représente l'Annonciation de Notre-Seigneur, la Vierge à genoux dans un panneau, l'ange debout dans l'autre ; les draperies jetées sur le corps de la Vierge le sont largement et dans le meilleur goût. L'ange tient à la main un bâton fleuronné, qu'on prendrait pour un sceptre. En général, le panneau qui le renferme est très inférieur à celui de la Vierge. Ces personnages sont encadrés, et de ces cadres pendent des médaillons si bien faits, qu'on les croirait des portraits, tant ils ont de nature et de vérité.

« Le dessus de la porte offre un cordon en pierre, sculpté dans le meilleur goût. Il conviendrait d'accepter l'offre que fait M. Pouchet de dessiner ces ornements (1).

« Le plafond est des dernières années du règne de Louis XIII. Ce ne sont qu'arabesques blancs sur un fond rougeâtre et brun et du plus joli effet. Les monogrammes du christ et autres objets forment ces arabesques (2).

« Quant aux vitraux, ils sont magnifiques. Dans les inscriptions qui y sont jointes, on parle de la destruction de l'ancien vitrail par les

(1) Le 25 mars suivant, M. Langlois vint prendre un croquis d'un panneau de la porte d'entrée et d'un braket qui se trouvait derrière l'autel.

(2) Les anciens du pays se souviennent aussi d'anges d'une grande beauté.

huguenots en 1562 ou 1563. Ceux-ci sont de 1572 et sont admirables par la vivacité des couleurs, la pureté du dessin et l'entente de la perspective. On déplore la perte de certains morceaux qui rendent plusieurs scènes très imparfaites. On y voit saint Léger dont la mort est déplorée *comme un malheur pour la République* et en des termes qui rappellent les idées politiques d'un temps voisin de la Ligue. »

Dans un procès-verbal de la commission des antiquités à la même époque, nous lisons : « Parmi les vitraux, l'un des plus remarquables représente la tentation d'Adam et d'Ève. L'arbre est au milieu. Le serpent est enroulé autour du tronc de l'arbre, mais encore étreint de ses extrémités les deux personnages dont il se rend le maître. »

Telle était anciennement l'église de Saint-Léger. M. de Beaurepaire, parlant d'elle, dit : « Je suppose qu'elle fut fort endommagée à l'époque de nos guerres civiles et religieuses, lorsque l'armée de Henri IV vint mettre le siège devant la ville de Rouen du côté de Darnétal. » Le fait est certain, puisque moins de dix ans après sa consécration, en 1562, elle était, d'après la légende du votail, maltraitée par les calvinistes.

Bâtie sur le versant même de la colline abrupte où elle est l'unique édifice, au centre du cimetière, entourée d'arbres, elle est d'un aspect assez pittoresque ; mais il faut bien avouer que depuis que l'extension de la population de la commune s'est faite du côté de la Bretèque, sa situation est devenue bien anormale et d'un usage peu facile pour une grande partie des habitants.

Il existait dans cette église une très ancienne confrérie sous l'invocation de saint Léger, approuvée par l'archevêque, et qui fut réorganisée en 1655. Elle avait sa grand'messe le 1er dimanche de chaque mois, dès le grand matin; ses fondations, ses messes, le mardi de chaque semaine. Etaient membres de la confrérie non seulement les paroissiens, mais tous ceux de Rouen et autres communes qui demandaient leur admission : et ceux-ci étaient nombreux, comme en témoignent les registres de la confrérie. Les confrères s'engageaient à faire réciproquement le service de leur inhumation. Mais la confrérie de Saint-Léger, comme beaucoup de confréries semblables, ne remplit pas toujours ses devoirs. En 1740, il fallut procéder à une nouvelle réglementation. On désertait les inhumations ; les frères se plaignaient des chemins rudes et difficiles ; on se plaignait des frères qui commettaient des abus après les inhumations, faisaient des dépenses considérables dans des repas. Elle n'existe plus depuis bien longtemps.

Avant la Révolution, la corporation des ouvriers polisseurs de pierre à mouture des moulins de Rouen et des environs se rendait, chaque année, à l'église de Saint-Léger le 2 octobre, jour de la fête du saint qui, ayant eu les yeux crevés en son vivant, était invoqué par eux contre les accidents trop fréquents pour la vue dans leur profession. Cet usage avait été repris après la Révolution, mais il ne se maintint que pendant peu d'années.

Le presbytère était la petite maison basse en face de l'église, propriété aujourd'hui de Mme Tellier. La maison contiguë aux champs, sur la route de Cantony, que certains croient à tort avoir été le presbytère, était une école qui était, dit-on, assez fréquentée et recevait même des pensionnaires des paroisses voisines.

La cure de Saint-Léger était de modeste importance. Elle était estimée en 1250, par l'archevêque, 15 livres, et en 1738, 500 liv. de rente. Le rôle des 20mes, en 1790, porte : « Le sieur curé possède son presbytère, une vergée de terrain, estimée 80 liv., tierce dîme sur 36 acres, estimée 800 liv. Le trésor possède une maison et un jardin exploité par le vicaire, soit 25 liv. »

Les autres biens ecclésiastiques, dans la commune, étaient, en plus des biens des religieux de Saint-Lô : 1° 4 acres de terre appartenant au titulaire de la chapelle de Saint-Jean des Fonts, établie à la cathédrale, 2° la dîme sur 9 acres de bois due à l'abbesse de Saint-Amand, et estimée 13 liv. En plus, 63 liv. de rente qui devaient être servies par le seigneur de Bourdeni, savoir : 50 liv. à la chapelle, 10 liv. aux Pères de l'Oratoire et 3 liv. aux Chartreux de Saint-Julien.

V. Les Grecs.

Nous touchons ici à une époque toute rapprochée de nous. C'est seulement dans la seconde moitié du dernier siècle que fut créé l'établissement des Grecs. Depuis plusieurs années, des teinturiers de Rouen et de Darnétal avaient essayé, mais sans succès, de teindre leurs cotons en grand rouge des Indes, pour n'avoir pas à les envoyer dans le Midi, où l'on faisait cette teinture. De riches négociants de Paris, MM. Ponce et Archalat, encouragés par le gouvernement, et même, pense-t-on, en raison des grands frais d'installation qui furent faits, subventionnés par lui, ne reculèrent devant aucun sacrifice. Pour être assurés de faire teindre leurs cotons à la manière des Orientaux, ils firent venir d'Andrinople des ouvriers experts dans l'emploi de la garance; et les eaux de l'Aubette ayant, à ce qu'on rapporte, été reconnues comme possédant des propriétés particulièrement favorables à cette teinture, ils choisirent notre commune pour créer leur établissement, et s'installèrent sur la sente de Bourdeni. Les bords de la rivière furent occupés par les ateliers; les constructions de toute sorte pour habitations et accessoires nécessaires d'un atelier de teinturerie couvrirent le coteau du Vert-Buisson jusqu'au chemin du Roi. On eût dit, en 1775, une petite cité surgissant tout à coup au milieu de ces vergers jusque-là si peu habités. Bien vite cette partie de la commune où la vie apparaissait avec le travail fut dotée d'un nom : « Quartier des Grecs, » et la partie de l'ancienne sente de Bourdeni à l'ouest de cet établissement fut dénommée « Sente des Grecs ».

Malheureusement pour les fondateurs de cet

établissement, ils eurent une déception. Les frais de première installation avaient-ils été exagérés? La direction fut-elle mauvaise? La main-d'œuvre trop coûteuse? La concurrence, car le secret ne tarda pas à transpirer, fut-elle ruineuse pour eux? Après un petit nombre d'années, ils durent liquider. Les quantités de plomb trouvées par l'acquéreur lui procurèrent à elles seules un bénéfice considérable. Aujourd'hui, il n'existe presque plus rien de cet établissement, en grande partie rasé ou converti en logements. Mais du moins les hommes du pays avaient appris à se servir des procédés. Ils fondèrent des établissements pour leur compte, et ainsi la teinture en rouge d'Andrinople par la garance et la garancine s'acclimata sur les rivières d'Aubette et de Robec, lesquelles en gardèrent pendant près d'un siècle pour la France, nous ne dirons pas le monopole exclusif, mais la principale production.

VI. Fort du Roule.

Le territoire de Saint-Léger ne s'étendant qu'à une partie de la côte du Roule, le fort de ce nom n'est donc pas sur notre commune ; mais comme il a joué un rôle important dans les destinées du bas de Saint-Léger, et que le chemin qui y conduisait était sur la commune, nous croyons devoir en dire quelques mots.

Sur la crête de cette colline, juste en face de Rouen, à cet endroit où le promeneur jouit d'un point de vue admirable, au loin la ville tout entière, avec ses tours, ses clochers, son fleuve, à ses pieds la Bretèque, le viaduc du chemin de fer, Darnétal, avec la tour de Carville, l'hôtel de ville, l'église de Longpaon, avec son clocher massif sur le versant de la côte, il a existé autrefois une place fortifiée, aujourd'hui rasée, dominant les deux vallées d'Aubette et de Robec et la ville de Rouen. Elle était naturellement entourée de fossés qui forment comme une cave autour d'elle. Les murs sont en silex, briques et mortier, et peuvent mesurer sur chaque face une quarantaine de mètres. Certains ont cru y découvrir un donjon et une entrée principale au midi.

Il a pris son nom, ainsi que le bois qui l'environne, du nom de la côte. Il y a une quantité de roules, notamment sur les bords de la Seine, tous s'appliquant à des côtes élevées, sorte de promontoires, et d'une pente rapide, par lesquelles on faisait dérouler les bois. Tout est mystère pour notre époque dans ces ruines. Etait-ce le château féodal d'un seigneur, ou bien, ce qui est beaucoup plus probable, un fort de guerre? On ignore à quelle date ancienne ou relativement récente il a été construit; quel rôle il a joué dans l'histoire. Les archéologues, surtout en présence des tuiles qu'ils y découvrent, sont plutôt d'avis que son origine n'est pas très ancienne et ne croient aucunement à la légende qui l'attribue à Rollon. Mais assurément il a dû au moins, en raison de sa position en face de Rouen et du fort de Sainte-Catherine, être un point d'appui dans les diverses opérations des sièges de cette ville et les combats livrés dans ses environs. Ceux qui ont creusé le sol au-dessus de la rue du Cantony déclarent avoir souvent mis à jour des armes et des boulets bien conservés.

Toutefois il nous semble impossible d'admettre que ce fort aurait été un ouvrage provisoire pour les besoins d'une ou plusieurs campagnes. Les caves du Roule, placées à quelque cent mètres du fort, au-dessus de fours à chaux, indiquent un travail définitif et suivi. On ne peut douter de l'existence de ces caves. Par suite des éboulements de terre et des infiltrations, l'ouverture n'est plus apparente. Beaucoup d'habitants du pays l'ont vue et y sont descendus. A cette cave aboutissent au moins trois galeries souterraines se dirigeant, l'une en face de Rouen, l'autre vers Longpaon, une autre vers Saint-Léger. Des personnes nous ont affirmé avoir essayé de s'aventurer dans ces caves, mais avoir dû bientôt rebrousser chemin, à cause de la grande humidité qui les saisissait et qui faisait éteindre leurs lumières.

L'historien de Darnétal cite le rapport de deux habitants qui, en 1786, se sont engagés dans le souterrain dirigé vers cette ville, mais ont dû s'arrêter après quatre-vingts ou cent pas, à cause d'une grille en fer qui fermait le passage. La tradition populaire rapporte qu'on amenait par ces souterrains les chevaux s'abreuver à l'Aubette, les uns dirent en face des Grecs, d'autres dirent en face de la Picauderie. Elle prétend de même que le château de Bourdeni était relié à ce fort par un souterrain comme il l'aurait été pareillement avec les châteaux de Martainville, de Buchy, etc. Il ne faut pas accorder à ces récits plus de foi que ne mérite une légende. Le mystère de ces souterrains reste tout entier.

CHAPITRE II.

—

La commune de Saint-Léger pendant la Révolution.

Les archives communales faisant absolument défaut jusqu'à l'année 1808, nous avons le regret de ne pouvoir donner la physionomie de la commune pendant cette période intéressante. De l'appel que nous avons fait aux souvenirs des anciens de la commune, il nous a semblé résulter que la tourmente n'avait pas amené de faits locaux particulièrement saillants. Nous n'avons recueilli que ce qui a frappé davantage les imaginations et qu'on raconte un peu partout dans les populations rurales : surexcitation de certains fanatiques, terreurs causées par des bandes de pillards, fêtes des déesses, inauguration solennelle du buste de Marat porté sur les épaules des citoyens un jour de décadi au Vert-Buisson.

Mais ce qui paraît surtout resté dans les souvenirs, c'est la cherté des aliments, et en particulier du sel, la rareté de la farine, le pain de son commun, et encore tous n'en avaient-ils pas. La récolte de 1788 avait été faible en blé; la rigueur de l'hiver avait empêché une quantité considérable des semailles d'automne de lever, de sorte que la récolte de 1789 s'annonçait comme devant être beaucoup plus mauvaise encore. Dans le peuple, on faisait circuler les bruits les plus sinistres : la famine était le fait non des mauvaises récoltes, mais d'accapareurs ennemis du peuple, etc.

Des mendiants se mirent à parcourir les campagnes, criant : « Du blé et du pain! » et des hommes de désordre profitèrent des souffrances générales pour s'organiser en bandes et aller dans les fermes se faire livrer du blé avec violence. Ils promettaient de l'argent, mais eux fixaient le prix, et la somme payée était dérisoire. Voici une anecdote, relative à cette commune, que nous trouvons dans le journal des principaux épisodes de cette époque, aux environs de Rouen, et qui se passe avant même l'ouverture des états généraux :

« Le mercredi des Cendres, 26 février 1789, à onze heures et demie du matin, cent individus, armés de leviers et de bâtons, parcouraient la commune de Saint-Léger-du-Bourdeni ; ils arrivent dans la ferme tenue par Laurent Lerat (ferme de la Lande), et lui demandent du blé pour de l'argent. Lerat n'oppose aucune résistance; il avait 15 boisseaux de blé. La troupe déclare les prendre à 40 sous le boisseau. Chacun remplit son sac. Lerat, qui veut être payé, reçoit en tout 15 liv., « plus un coup de poing. » A la même heure, et dans la même commune, 250 personnes environ des deux sexes, armées comme les autres, arrivent bruyamment chez Nicolas Quenol, laboureur. Sans rien entendre, elles se jettent sur l'unique tas de blé qu'il possède ; il y en a 18 boisseaux, dont elles s'emparent, en disant qu'elles entendent le payer. Cependant, pour les 18 boisseaux, Quenol ne reçut que 3 liv. Avant de s'en aller, la troupe prit dans la cuisine 2 pains de 12 à 13 livres, et chacun se rendit à la cave et se mit à boire au fausset, tant qu'il voulut, puis on se retire en laissant couler et se perdre le reste du cidre. Poursuivant le cours de ses opérations, la populace alla visiter la commune de Notre-Dame-de-Franqueville. Ces sortes de scènes se reproduisirent pendant plusieurs années dans toute la région. »

Saint-Léger, plus à proximité de la ville que bien d'autres communes, dut être souvent terrorisé par des bandes de ce genre.

D'un autre côté, à la crise agricole se joignait une crise industrielle générale, atteignant en particulier les fabricants de cotonnades ou rouenneries. Et comme en ce moment l'industrie subissait une transformation par l'introduction des mécaniques, les 19,000 fileurs qui, à Rouen et dans les environs, vivaient de leur rouet, s'en prirent aux métiers nouveaux pour le manque d'ouvrage qui se produisait ou les menaçait. La misère amena l'irritation et le vagabondage. Dans sa fureur, la populace de Rouen, au mois d'août 1789, se livra aveuglément à des scènes de désordre et se rua sur les mécaniques, qu'elle mettait en pièces.

Le contre-coup de ces manifestations ne pouvait n'être pas ressenti à Saint-Léger. D'ailleurs, la classe ouvrière de Darnétal n'était pas moins surexcitée. M. Lesguilliez, après avoir raconté l'émeute qui eut lieu, dans le même esprit et sous les mêmes prétextes, à Darnétal, également en août 1789, et à la suite de laquelle les meneurs, jugés prévôtalement, furent pendus sur le port, écrit : « La populace de Darnétal, à cette époque, était toujours prête à se soulever. Pendant les premières années de la Révolution, on la vit figurer dans les diverses émeutes qui eurent lieu à Rouen, notamment à celles du 2 avril 1792 et du mois d'avril 1795. On se rappelle encore de quels dangers notre ville se vit menacée lors de l'émeute du 2 août, qui aurait pu avoir les suites les plus graves si la garde nationale de Rouen n'était venue nous prêter son appui. »

Evidemment, un tel voisinage ne pouvait permettre à notre commune de traverser cette période dans une pleine tranquillité. La population entière fût-elle restée absolument étrangère aux désordres et aux excitations venus des centres voisins, les citoyens paisibles ne pouvaient être rassurés, mais étaient plutôt en proie à des inquiétudes de tous les jours. Ajoutons à cela l'effroi causé plus tard par la bande du trop célèbre Duramé et des chauffeurs, qui avait des ramifications à Darnétal et dans les environs, et l'on s'expliquera comment la mémoire de cette période troublée est restée pénible à l'esprit de notre population, malgré les heureux résultats politiques et sociaux qu'elle lui apporta.

En 1790, lors de la création des justices de paix, la commune de Saint-Léger fut réunie à la ville de Rouen pour l'administration judiciaire. Elle forma avec les communes de Darnétal, de Saint-Martin et de Fontaine, une section *extra muros*, formant la neuvième justice de paix attribuée à Rouen. L'année suivante, un décret de l'Assemblée législative mit cette justice de paix sur le même pied de tout point que celles des huit autres divisions de Rouen.

En l'an IV, le bourg de Darnétal fut érigé en canton. Naturellement, la commune de Saint-Léger y fut rattachée et y fut maintenue en 1802, après la suppression des cantons de Saint-Jacques et de Ry, lors de la constitution définitive et actuelle du canton de Darnétal.

En présence de la famine qui sévit dans le pays tout entier dans les années 1792, 1793 et suivantes, le gouvernement dut aviser aux moyens de répartir partout les subsistances nécessaires à la vie et d'alimenter surtout les agglomérations urbaines. Les arrêtés du Comité de Salut public du 10 thermidor, la loi du 11 septembre 1793, qui ont laissé dans les campagnes un souvenir si fâcheux, étaient une mesure nécessaire. Les laboureurs furent mis en réquisition pour l'approvisionnement des marchés, et une taxe était imposée sur le cours du blé. Le département assigna à chaque paroisse un contingent de grains à fournir par chaque décadi, dont un tiers pour primidi, un tiers pour quartidi, un tiers pour septidi. Evidemment, la commune de Saint-Léger, en raison de son peu de terres de labour, ne pouvait guère apporter au comité des subsistances à Darnétal; elle devait plutôt en recevoir. Le contingent qui fut assigné à Léger-du-Bourdeni fut de 8 quintaux par décadi, à partir de la décade du 20 au 30 thermidor 1793.

A la halle de septidi de la première décade de fructidor, nous voyons figurer sur le registre le citoyen Hébert, fermier du château de Saint-Léger-du-Bourg-Denis (1), pour un apport de 100 livres de seigle. Par contre, à la halle du

---

(1) C'est la première fois que nous voyons écrit sous cette forme le nom de notre commune.

mercredi 23 brumaire, il était délivré aux commissaires de Saint-Léger 250 livres de blé ; le 20 frimaire, *item* 850 livres pour 841 individus. Nous nous bornons à ces quelques indications.

Pendant cette période, l'exercice du culte fut, comme partout, supprimé dans la paroisse. Est-ce la peine de dire que le fanatisme s'y livra sur les objets du culte à des excès insensés, mais douloureux pour une grande partie de la population? L'église fut désaffectée de sa destination ; un moment même, paraît-il, il fut question de la raser. Mais elle fut sauvée grâce à un citoyen nommé Michel Le Tellier, qui, propriétaire d'une partie de la côte au-dessus de la route du Cantony (biens Bourdet), demanda à la louer ou à l'acheter pour s'en servir à l'usage de grange pour son foin. La tourmente passée, il la rendit au culte. C'est seulement en 1802 qu'un curé en titre, M. l'abbé Prestrel, curé d'Epinay avant la Révolution, y rentra. Mais il semble que le culte y était déjà célébré depuis deux ans. Tout le mobilier de l'église avait dû être dispersé sans retour ; il fallut peu à peu acquérir tous les objets indispensables, et, pendant de longues années, l'église fut dans la plus extrême pauvreté.

—

Saint-Léger après la Révolution.

La commune de Saint-Léger, au sortir de ces jours troublés, fut longtemps avant de jouir de la paix et du calme qui se rétablissaient partout en France. Elle se trouva en face d'embarras nouveaux qui vinrent menacer son existence ; et ses administrateurs, pendant de longues années, eurent à soutenir des luttes difficiles pour conserver son autonomie et l'intégrité de son territoire.

—

Protestations de Saint-Léger contre son annexion à Darnétal.

Le nouvel ordre des choses qui donnait, en 1805, au bourg de Darnétal le titre de ville, ne sembla point devoir d'abord être favorable à la commune de Saint-Léger. Ici, nous laissons la parole à M. Lesguilliez, bien en situation pour connaître les faits :

« Lorsqu'en 1790, dit-il, il fut question de nommer les membres qui devaient former la municipalité de Darnétal, il est fait mention de Saint-Léger comme dépendant en grande partie de Darnétal. Le 16 mai 1791, le corps municipal de Darnétal adressa au département et à l'évêque métropolitain des côtes de la Manche une réclamation tendant à ce que les trois paroisses comprenant le bourg de Darnétal fussent réduites en deux, tant pour le spirituel que pour le temporel, et que Saint-Léger fût définitivement réuni à Carville.

« Au mois de floréal an VIII (1800), l'administration municipale renouvela auprès de l'autorité supérieure la demande de réunir définitivement Saint-Léger à Darnétal; elle motivait sa demande sur ce que Darnétal n'avait pas une population assez considérable pour avoir à elle seule un commissaire de police. Depuis cette époque, l'autorité supérieure a tenté plusieurs fois d'opérer la réunion de ces deux communes, mais jusqu'alors toujours sans succès. La seconde tentative eut lieu en 1809, sous M. Rollin, préfet. »

M. Lesguilliez nous fait même assister à une délibération du 11 novembre 1809 du conseil municipal de Darnétal, convoqué extraordinairement et statuant sur le sort de Saint-Léger. On n'était point d'accord sur la part à s'attribuer aux convenances de Darnétal. Neuf membres étaient d'avis que la commune de Saint-Léger étant réunie à l'église de Carville pour le spirituel, il était naturel qu'elle en dépendît tout entière aussi pour le civil, et ils votèrent pour que les deux communes n'en fissent qu'une. Sept pensaient que Darnétal pourrait se contenter de ne pas prendre au delà des Grecs. Huit furent d'avis qu'on pouvait même s'arrêter à la Picauderie. Et, pour mettre hors de doute le désintéressement de sa ville, l'historien de Darnétal ajoute : « Darnétal a-t-il intérêt à se réunir Saint-Léger? Nous ne le pensons pas. Si jamais cette jonction a lieu, ses dépenses communales, déjà assez fortes, augmenteront considérablement, parce que la réparation des chemins de cette commune, l'entretien de son église, le traitement du desservant, celui des instituteurs et d'autres semblables, tomberaient à sa charge. Il est vrai qu'on pourrait y percevoir l'octroi ; mais la commune de Saint-Léger, étant ouverte de tous les côtés, la fraude s'y ferait facilement et il serait à craindre que la recette ne couvrît pas les frais de perception. »

La commune de Saint-Léger méconnaissait-elle ses vrais intérêts et le présent qu'on lui faisait par cette offre de devenir un faubourg de Darnétal? Voici une délibération du conseil en réponse à une demande motivée présentée par la municipalité de Darnétal à l'autorité supérieure, le 16 mai 1808. Elle est énergique, et, s'il faut s'y rapporter, on comprendra que le commissaire désiré par Darnétal n'était point un fonctionnaire inutile.

Municipalité de Saint-Léger-de-Bourdeni.

« Le conseil municipal, présidé par l'adjoint, attendu l'état de maladie grave de M. Hébert, maire ;

« Vu les lettres adressées par M. le préfet, les 17 décembre et 26 février dernier, et la réponse de M. le maire en date du 5 mars aussi dernier ;

« Considérant que la réunion de la commune de Saint-Léger-de-Bourdeni à celle de Darnétal, déjà proposée il y a dix-neuf ans, fut dès lors reconnue impossible; que les motifs qui militaient alors pour cette réunion, loin d'être augmentés, sont au contraire affaiblis par la manière vigoureuse dont la police a été tenue dans cette commune ;

« Considérant qu'il n'existe dans la commune de Saint-Léger aucun logeur d'hôtes, et qu'ainsi on ne peut raisonnablement alléguer que les individus échappés de Rouen et de Darnétal se réfugient à Saint-Léger ;

« Considérant qu'en étendant les limites de Darnétal par la réunion proposée, la surveillance deviendra moins active, parce que la commune de Darnétal, déjà surchargée d'affaires, et qui est le repaire des brigands, ainsi qu'il est possible de s'en convaincre par les registres des tribunaux criminels, correctionnels et de police, ne pourra subvenir que très difficilement à arrêter des brigands auxquels la facilité des habitations procurerait des repaires assurés ;

« Considérant qu'il n'y a pas plus de raison de réunir Saint-Léger à Darnétal qu'il n'y en aurait de réunir Darnétal à Rouen, dont il forme un faubourg, que plusieurs autres communes commerçantes présentent le même intérêt et ne sont pas pour cela privées de leur administration particulière ;

« Après avoir entendu les observations de MM. les principaux propriétaires de cette commune,

« Délibère à l'unanimité qu'il n'y a pas lieu à la réunion proposée et qu'il s'y oppose.

« Saint-Léger, le 28 juin 1808.

« Ont signé : Bocage, adjoint; Tribout, Jean-Baptiste Rasse, Louis Houas, Letellier, Pierre Dussaux, Blais, Thomas Duprey. »

On comprend que, devant ces dispositions des habitants, le projet dut être abandonné ; mais on ne fit qu'y surseoir.

Sa protestation dans la séance du 6 octobre fut unanime. Il renouvelle les arguments déjà invoqués vingt ans auparavant et qui ont prévalu jusqu'ici près des administrations supérieures. Il fait valoir que la commune suffit à solder ses dépenses sans solliciter de secours étrangers ; que ses limites ont toujours été jusqu'ici si scrupuleusement respectées qu'elles sont encore telles qu'elles étaient du temps de messire Symon, châtelain, en 1100; que la réunion projetée, sans utilité pour Darnétal, serait dommageable pour la commune de Saint-Léger, qui serait privée d'une partie de ses ressources déjà fort restreintes dans l'état actuel, dommageable pour les intérêts des habitants annexés à Darnétal, qui auraient à supporter, entre autres charges nouvelles, celle si onéreuse de l'octroi, et douloureuse à leurs sentiments de famille, puisqu'ils seraient séparés de leurs ancêtres et de tout ce que leur jeunesse a aimé et gravé dans ses souvenirs. Enfin, le conseil invoque le droit civil, reconnu par le conseil d'Etat, des communes à leur intégrité. Ainsi les communes de Mâcon et de Mantes ont été déchues d'une prétention d'annexion dans les mêmes conditions que Darnétal. Le conseil espère donc que M. le préfet aura égard au vœu de l'unanimité des habitants de la commune et conservera à Saint-Léger et Darnétal leurs limites respectives. Cette protestation fut écoutée, Saint-Léger conserva l'intégrité de son territoire. Darnétal se réjouit plus tard que l'annexion n'ait pas eu lieu. Tout fut pour le mieux.

—

Efforts de Saint-Léger pour ressaisir son titre paroissial.

Demeurée maîtresse d'elle-même sur le terrain communal, la commune de Saint-Léger fut moins heureuse dans l'ordre religieux.

Lors de la reconstitution des paroisses qui suivit le concordat de 1801, Saint-Léger perdit son titre paroissial et fut réuni comme simple annexe à la cure de Carville. Les habitants, ne se résignant pas à voir disparaître le culte de leur commune, s'imposèrent des sacrifices et se cotisèrent pour fournir le traitement d'un desservant et l'entretien de l'église; et à la fin de 1802, l'archevêque leur donna un curé, quoique la paroisse continuât quand même de faire partie de Carville. Pendant les années qui suivirent, les habitants multiplièrent leurs efforts pour recouvrer leur indépendance, et ils réussirent à obtenir le titre de succursale en 1805. Mais lorsque, en 1809, s'opéra un nouveau remaniement des circonscriptions paroissiales, Saint-Léger de nouveau fut sacrifié et de nouveau réuni à Carville sans titre. Par là, en vertu des lois existantes, la paroisse de Saint-Léger perdait la propriété de son église, et tous les droits attribués aux églises reconnues, en particulier celui d'avoir une administration propre et d'acquérir. Elle était même obligée de subvenir aux frais du culte de l'église de Carville. Dans ces conditions, l'église de la commune pouvait être condamnée d'un moment à l'autre à disparaître, et la suppression du culte dans la paroisse, au profit de Carville, pouvait devenir l'acheminement vers la suppression de la commune au profit de Darnétal, ce qu'on ne voulait à aucun prix.

Cette situation parut intolérable aux habitants de Saint-Léger, et le maire, M. Pierre Anty, s'empressa de postuler et de remplir les formalités pour l'érection de l'église en chapelle vicariale, ce qui assurerait au moins à la commune l'exercice du culte et la jouissance de l'église, à défaut de sa nue-propriété, et le dimanche 2 septembre, à midi, en vertu d'une commission de M. le préfet, après les convocations légales, par affiches, tant à Carville qu'à Saint-Léger, M. Thérin, juge de paix de Darnétal, se rendait au domicile du maire, imprimeur en indiennes, sente de Bourdeni, pour procéder à une enquête *de commodo et incommodo* et recevoir les dires des habitants des deux communes. Les habitants, dans cette circonstance, montrèrent un grand zèle : cent quatre hommes de Saint-Léger, dont cinq seulement âgés de moins de vingt-cinq ans, vinrent successivement devant le magistrat plaider pour la conservation de l'église et du culte paroissial. Et encore un plus grand nombre s'étaient-ils présentés, car, dit le procès-verbal, après l'audition du cent quatrième, « nous avons demandé s'il n'y avait plus d'habitants de la commune de Saint-Léger à entendre, et il nous a été répondu que plusieurs, ennuyés d'attendre, s'étaient retirés, ainsi que la majeure partie des habitants de Carville. » Et on le conçoit, car il était huit heures du soir quand l'enquête prit fin.

Nous croyons devoir résumer les principaux chefs des arguments invoqués dans cette enquête, moins pour relever l'importance même de la cause qu'ils plaidaient, que parce que ce document tout à fait authentique nous fournit nombre de renseignements instructifs sur l'état matériel et moral de la commune à cette époque. Sans doute, dans ces dires, l'amour du clocher fit tomber dans des exagérations favorables au passé et à l'avenir de Saint-Léger : des récriminations, les unes discrètes, les autres ouvertes, se produisirent contre Darnétal et contre le curé de Carville en particulier, il faut bien s'y attendre, ne pas s'en étonner et savoir en faire la part.

On se plaint que la commune de Saint-Léger, qui, avant la Révolution, avait curé et vicaire, qui, actuellement encore, dans le canton, a le privilège unique, si on excepte la ville de Darnétal et le Boisguillaume, de former à elle seule une des dix assemblées divisionnaires civiles dont se compose le canton, ait été, dans l'ordre ecclésiastique, frustrée d'un titre de succursale, malgré la volonté de Sa Majesté, qui, par un acte solennel, avait statué, il y a quatre ans, sur cette question. Plus intéressante que beaucoup d'autres comme population, comme industrie locale et comme solidité de son église, elle avait droit de s'attendre à un titre de succursale, surtout quand on voit deux et jusqu'à trois succursales réunies pour former une division. Il semble extraordinaire que Darnétal, qui a déjà deux assemblées divisionnaires, et qui, à ce titre, possède deux paroisses, veuille s'en arroger une troisième, et celle-ci sans lui donner le titre de succursale qui lui reviendrait au même titre qu'à Longpaon.

Les principaux motifs allégués pour l'obtention d'un titre sont les suivants :

1° L'importance présente et future de la commune de Saint-Léger. Population de plus de mille habitants, à laquelle l'industrie présente des éléments de travail suffisants et au delà. Car, outre les travaux ordinaires dans les environs de Rouen, tels que la tissure des laines et des cotons, Saint-Léger, sans compter les toiliers et drapiers qui travaillent chez eux, compte 26 établissements en pleine activité, à savoir : 7 teintures en rouge des Indes, 1 imprimerie en indiennes, 2 curanderies (blanchisseries de toiles situées dans la Picauderie et la ferme de la Picauderie), 1 atelier d'apprêteur d'étoffe, 12 moulins mus par l'Aubette, dont 3 à blé, 4 à bois, 2 à fouler les draps et 3 pour filatures de coton, 1 briqueterie et 2 fours à chaux.

De plus, en raison des progrès de l'industrie française, la commune a la perspective de voir sa population s'accroître et de nouvelles usines ravir à l'agriculture les terrains précieux à l'industrie qui ne manquent pas à Saint-Léger. Les habitations et les ateliers que le canon des forts de Sainte-Catherine et du Roule avait anéantis sur les territoires de Bourdeni et de Carville et relégués à Longpaon semblent revenir chercher les lieux qu'ils occupaient il y a cent cinquante ans : le commerce a déjà ravivé en partie ces plaines jadis désastrées par le fléau de la guerre, et rend l'espoir de voir Bourdeni et Carville reprendre leur ancienne prospérité. Or, c'est du côté de l'église que se portera l'accroissement de la population, d'abord parce que dans le bas de Saint-Léger, depuis vingt ans, beaucoup de petites maisons ont été détruites pour faire place à des ateliers, et ensuite parce que c'est vers le haut de Saint-Léger que se trouvent désormais les terrains libres. D'où il suit que l'église, nécessaire aujourd'hui, deviendra indispensable un jour à venir, et qu'on regretterait plus tard de l'avoir laissé détruire.

2° Impossibilité, en raison des besoins du culte, de l'annexion à Carville.

La majeure partie des paroissiens avoisine l'église et est éloignée de Carville de plus de deux kilomètres. Or, les communications, déjà difficiles en tout temps entre Bourdeni et Carville, à cause des mauvais chemins, sont très souvent interceptées dans la vallée par les inondations résultant des grosses eaux en hiver et des avalasses en été, lesquelles, dit la déposition du maire, non seulement causent des dégâts dans la commune, mais encore forcent la plupart des habitants à se réfugier dans des endroits élevés semblables à ceux où l'église est construite, dans leurs chambres et greniers. Une partie considérable de la population serait donc privée, pendant une partie de l'année, surtout en hiver, de participer au culte. Il est donc impossible de faire desservir Saint-Léger et Carville par un seul prêtre et une seule église. Si, pour une paroisse de 2,000 habitants, Carville obtient deux prêtres, pourquoi Saint-Léger, qui en a 1,000, n'aurait-il pas aussi un prêtre? Si le curé de Carville estime que deux prêtres suffisent pour le service de 3,000 habitants, c'est au Bourdeni, si souvent intercepté, et non à Carville, que doit être attaché le vicaire. L'intérêt particulier doit s'effacer devant l'intérêt général. D'ailleurs, si, comme tout le fait prévoir, Carville est appelé à s'accroître pour les mêmes raisons que Saint-Léger, bientôt on aura reconnu que l'église comme le cimetière de Carville sont devenus insuffisants, et que Carville est assez important pour former à lui seul une paroisse. Il faut donc conserver l'église de Saint-Léger.

3° Les habitants de Saint-Léger réclament la conservation de leur église comme étant un monument solide, en pierre de taille, malgré sa gothicité, dit l'un, quoique gothique, dit un autre, intéressant par lui-même, intéressant comme une œuvre de leurs ancêtres, et dont les fondations assurent la durée. Si on la détruit, on n'en retirera d'autre profit que la pierre, et avant trente ans, quand la nécessité d'une église pour Saint-Léger se fera sentir, celle que l'on construirait à grands frais ne serait ni plus solide ni plus vaste.

4° Urgence d'un beffroi pour les cas d'incendie, fléau toujours à craindre, surtout dans les établissements, et qui pourrait avoir tout détruit avant qu'on ait eu le temps d'aller, du haut de Saint-Léger, avertir à Darnétal. D'un autre côté, il est de fait certain que des bâtiments ont été brûlés dans la rue de Saint-Léger, au bas de la commune, sans que les habitants voisins de l'église l'eussent appris, malgré le son de la cloche de Carville.

5° Comme preuve de la nécessité, à leurs yeux, d'un culte paroissial, les déposants font valoir que, annexés depuis plusieurs années à Carville, et, comme tels, exonérés de toute charge vis-à-vis du curé de Carville qui reçoit du gouvernement un traitement de première classe, ils n'ont pas hésité à s'imposer le sacrifice de fournir le traitement et le logement d'un desservant attaché à leur paroisse, ce qu'ils sont en état et prennent l'engagement de continuer.

6° Enfin, ils réclament le culte dans la commune comme une nécessité pour l'instruction publique, dont ils le considèrent comme la base et les premiers principes et pour les mœurs dont il est le moteur.

Dix-huit habitants de Carville seulement avaient attendu la fin de l'enquête. Tous furent d'avis que la requête de Saint-Léger était fondée et que la conservation de l'église et son érection en chapelle vicariale, sans contribution vis-à-vis de la paroisse de Carville, étaient chose légitime et désirable.

Malgré ce zèle et cette unanimité dans l'enquête, l'administration municipale ne paraît pas avoir pressé bien activement le décret d'érection. D'ailleurs, le culte n'était pas interrompu dans la commune, l'administration ecclésiastique ayant donné un successeur à l'abbé Prestrel, décédé.

Avait-on espoir qu'on réussirait comme précédemment, par des démarches en haut lieu, à obtenir un titre de succursale? Craignait-on de rendre plus difficile, ou de retarder l'octroi de ce titre, si la paroisse était déjà pourvue d'un titre paroissial? C'est probable. Le maire traînait en longueur, malgré les demandes et instructions réitérées du sous-préfet de l'arrondissement; malgré des menaces même, toujours quelque pièce manquait au dossier. « Vous êtes le seul maire de mon arrondissement, écrivait ce fonctionnaire le 11 juin 1812, qui soit en retard sur cette opération. » Et de nouveau il déclarait qu'il proposerait d'office le rejet de la pétition de la commune de Saint-Léger, si l'on n'était en mesure d'ici à huitaine. Le décret érigeant l'église en chapelle fut rendu en 1812.

—

Différend entre Saint-Léger et Bonsecours. — Perte des communaux et de la ferme de la Lande.

Au moment où Saint-Léger se défendait à l'ouest contre les tentatives d'agrandissement de Darnétal, surgissait au midi un différend avec la commune de Bonsecours, qui devait, après d'interminables procédures, enlever de ce côté, à Saint-Léger, une partie de son territoire. La ferme de la Lande, propriété du prieuré de Saint-Lô, avait, de temps immémorial, fait partie de la commune de Saint-Léger. Et lorsque ces biens, comme biens nationaux, furent mis en vente le 15 janvier 1791, c'est Jacques Le Drand et François Devanchy, officiers municipaux de Saint-Léger-de-Bourdeni, à l'exclusion de tout représentant du Mesnil-Esnard ou de Bonsecours, qui assistent, en vertu des termes de la loi, à l'adjudication, au district de Rouen. Toutes les terres qui contournent la cour de la ferme de la Lande, depuis le haut de la Vallette jusqu'au château actuel de la Lande, et descendant de cette cour jusqu'aux fossés qui bordent aujourd'hui les terres de labour de Saint-Léger et les bois de Bourdeni, sur la côte Picaux, au-dessus du Val-Audin, étaient autrefois des communes pâtures dont jouissaient le Bourdeni et le Mesnil.

La municipalité de Bonsecours revendiqua cette pâture comme faisant partie de la sienne, laquelle se serait étendue depuis le fort de Sainte-Catherine jusqu'au bois de la Fricaille, sis derrière le château actuel de la Lande. L'issue du procès, qui dura près de trente ans, a laissé dans le cœur de la population de Saint-Léger un souvenir non encore éteint, et, croyons-nous, trop sévère à l'endroit des administrateurs de la commune qui eurent à le soutenir.

Quelque aride qu'ait été pour nous le dépouillement de cette procédure, nous avons cru ne pas devoir décliner la difficulté de mettre en lumière les motifs des prétentions des deux communes et les phases diverses de ce différend pour réduire à leur juste valeur les responsabilités.

Première phase. — Au mois de novembre 1809, le maire de Blosseville fit dresser procès-verbal contre le sieur Babault, de Saint-Léger, pour extraction de gazon sur cette commune pâture, et celui-ci fut condamné à Boos à 1 fr. de dommages et intérêts, au profit de la commune de Bonsecours. Toutefois, à l'audience du juge de paix, il fut convenu entre le maire de Bonsecours et le représentant du maire de Saint-Léger, qu'il ne serait point donné suite au jugement prononcé, jusqu'à ce que les maires des deux communes aient eu une entrevue, dans laquelle ils se communiqueraient réciproquement leurs titres de propriété, et s'entendraient à l'amiable, pour éviter aux deux communes les désagréments d'un procès. L'entrevue eut lieu dans le courant de décembre, à la ferme de la Lande. D'après le dire du maire de Bonsecours, le maire de Saint-Léger n'aurait présenté aucun titre.

A la fin de mai 1810, le maire de Bonsecours écrit pour se plaindre de ce que les habitants de Saint-Léger continuent à user de ces pâtures. « Je me state, dit-il, que vous ne trouverez pas mauvais que je fasse verbaliser contre eux et donne suite au jugement rendu contre le sieur Babault. » Et, le 24 août suivant, le jugement fut signifié.

Le maire de Saint-Léger n'avait pas répondu; mais il ne s'endormait pas, et, le 27 août, il faisait faire une signification extrajudiciaire pour s'opposer à l'exécution du jugement, pour ce motif que la partie de communes en question (50 acres environ, ancienne mesure) dépendait de Saint-Léger, s'en référant à un arrêté de M. le préfet du 2 germinal an IX, homologuant une délibération du conseil municipal de la commune du 27 pluviôse précédent, qui concernait l'extraction de gazon et de caillou sur la commune pâture dont il s'agit. Et le 21 septembre, par lettre sous forme de pétition, il informait M. le préfet des prétentions de Bonsecours, lui demandant qu'il soit enjoint au maire de Bonsecours de laisser les habitants de Saint-Léger dans la tranquille jouissance de cette propriété communale.

Le 25 septembre, le maire de Bonsecours faisait verbaliser contre deux ouvriers du Mesnil-Esnard qui tiraient du caillou, soi-disant avec l'assentiment du maire de la commune de Saint-Léger, à laquelle ils prétendirent faire rétribution de tant par toise; malgré le procès-verbal dressé contre eux, ils continuèrent leur travail. Le maire de Saint-Léger, de son côté, faisait dresser procès-verbal contre eux le 28 septembre, au nom de la commune de Saint-Léger, attendu qu'en vertu du règlement communal précité, homologué l'an IX, « les habitants de Saint-Léger ont seuls le droit d'extraire du caillou sur la commune pâture pour leurs besoins personnels et la réparation des chemins. » Ce dernier procès vint à la justice de Darnétal le 13 octobre, et le maire de Saint-Léger obtint, contre les délinquants, une condamnation à 10 fr. d'amende et trois journées de travail, avec confiscation du caillou extrait et affichage du jugement imprimé à leurs frais.

Le procès-verbal dressé contre eux par le maire de Bonsecours, et non encore appelé à la justice de paix de Boos, tombait donc de lui-même. Il fallait statuer sur la question de propriété.

Deuxième phase. — Sur une ordonnance de M. le préfet, la municipalité de Bonsecours se réunit le 6 novembre. Le maire fit valoir que :

1° La commune de Bonsecours était propriétaire de 250 acres de biens communaux; que les ci-devant Chartreux de Saint-Julien-lès-Rouen, propriétaires en la paroisse, s'étant jadis aussi prétendus propriétaires desdites communes, les habitants de Bonsecours ont procédé contre eux pendant plus de cent ans; qu'en l'an 1661, ils ont obtenu contre eux sentence au bailliage de Rouen, qui les maintenait dans cette propriété, sentence confirmée par arrêt de la cour du 20 janvier 1666; que, sur nouvelle contestation avec les Chartreux, aussi propriétaires en la commune de Bonsecours, ils ont obtenu, le 12 août 1785, sentence de la maîtrise de Rouen, qui enjoignait auxdits sieurs Chartreux, sous contrainte de 1,000 livres, de faire recherche exacte de leurs titres, concernant les fonds contigus aux deux cent cinquante acres que contenait anciennement le terrain communal; enfin, que les habitants ont été maintenus dans leur propriété par un jugement arbitral, rendu en 1793, entre eux et la dame Duménil, acquéreur des biens de la nation, qui avait prétendu user du droit de pâture sur ces communaux.

2° Que la commune pâture réclamée par le maire de Saint-Léger est bien enclavée dans les deux cent cinquante acres de communes pâtures dont il s'agit, lesquelles s'étendent depuis la ferme de Bagnères et le fort de Sainte-Catherine jusqu'au bois de la Fricaille, et que ces abornements sont constants, tant par les aveux rendus au roi, en sa chambre des comptes de Normandie, par les sieurs Chartreux, notamment le 15 juillet 1737, que par l'aveu rendu par les habitants vassaux desdits sieurs Chartreux, le 8 janvier 1791. Pourquoi, est-il dit, le maire de Saint-Léger ne montre-t-il pas de ces sortes d'aveux, rendus, soit aux religieux de Saint-Lô, soit à M. de Belbeuf, seigneurs de Saint-Léger, si ces communes faisaient partie de Saint-Léger?

Quant aux arrêtés de M. le préfet et du ci-devant district invoqués par le maire de Saint-Léger, il n'y a pas lieu de s'en préoccuper, attendu qu'ils n'ont été rendus que sur le simple exposé des habitants de cette commune et ne sauraient équivaloir à un titre.

3° Le maire de Saint-Léger invoque la prescription par une possession plus que quadragénaire. Argument ordinaire de ceux qui n'en ont point. Or, la prescription ne saurait exister, attendu que les habitants de Saint-Léger n'ont exercé quelques droits sur ce fonds que furtivement, et jamais à l'exclusion de ceux de Bonsecours, qui y ont toujours fait pâturer leurs bestiaux, pris des joncs marins, de la bruyère, des gazons. Et, à l'appui de ce dire, on cite ce fait que, en 1788, les habitants de Saint-Léger, ayant fait tirer une certaine quantité de caillou sur ce fonds, ceux de Bonsecours en firent enlever une partie par leurs voitures, et vendirent le reste à l'encan, sans que les habitants de Saint-Léger élevassent de réclamations.

Sur cet exposé, le conseil donne au maire mandat pour poursuivre l'affaire devant les tribunaux compétents. A cette délibération était joint un extrait de la matrice cadastrale de la commune de Bonsecours arrêtée le 2 brumaire an VI, avec M. Lefebvre, agent, où la commune pâture était tout entière attribuée à Bonsecours. Il est vrai que, sur cette matrice, elle figure pour cent dix-huit acres seulement, au lieu de deux cent cinquante mentionnées par les anciens titres; mais, est-il dit, vu la grande anticipation des riverains, la commune a cru ne devoir s'imposer que sur le pied susdit, jusqu'à ce qu'il en soit plus amplement connu.

C'est le 12 novembre 1811 seulement que le conseil de Saint-Léger fut convoqué, pour répondre à la délibération de la commune de Bonsecours. Mentionnons toutefois cette lettre adressée au sous-préfet, en date du 2 juillet précédent, par le maire de Saint-Léger

« Monsieur,

« M. Lefebvre, doyen du conseil de préfecture, accompagné de deux de ses collègues, s'est transporté (dans les premiers jours de mai) sur les communes où M. le maire de Bonsecours et moi avions été prévenus de nous trouver. J'observai à M. Lefebvre que je n'avais eu qu'une communication visuelle des pièces dans vos bureaux, qui était insuffisante à l'avis du conseil municipal, auquel j'en avais fait part. M. Lefebvre me promit aussi, en présence de M. le maire de Bonsecours, que toutes les pièces seraient remises chez moi aux fins d'en prendre communication, qui pût conduire à des résultats certains et à une délibération motivée.

« Depuis ce temps, j'ai constamment et inutilement attendu l'envoi des pièces dont il s'agit, et qui sont dans vos bureaux.

« J'ai l'honneur, etc.

« *Signé :* MANOURY, maire. »

Le conseil, communication prise des arguments motivés invoqués par la municipalité de Bonsecours, répond :

Qu'il n'y a pas à tenir compte des arrêtés et sentences rendus en faveur de Bonsecours contre les Chartreux, attendu : 1° qu'il n'a pu s'agir entre eux que d'un terrain situé sur la commune de Blosseville, ou tout au moins sur la mouvance de l'ancien fief des Chartreux, c'est-à-dire sur le territoire de Bonsecours ou de Saint-Gilles-de-Repainville dont ils étaient seigneurs; 2° que les Chartreux ont toujours appelé de ces sentences, et que dès lors la municipalité de Bonsecours n'offre aucun titre positif, mais bien seulement la preuve de contestations non jugées en définitif; 3° que la sentence arbitrale du 2 thermidor an III, qui leur aurait adjugé les communes de Bourdeni, ne peut avoir aucun effet vis-à-vis des habitants de Saint-Léger, qui n'y ont point été appelés pour soutenir leurs intérêts.

Les titres de propriété vantés par la municipalité de Bonsecours ainsi récusés, le conseil de Saint-Léger nie que, par eux-mêmes, ils puissent préjuger le litige, pour cette raison qu'ils n'ont jamais désigné positivement la délimitation de ces communes. Cela est si vrai, que la municipalité de Bonsecours, pour fournir les abornements, doit recourir à de prétendus aveux qui leur ont été rendus.

Or, c'est une erreur de prétendre se servir d'aveux qui jamais, ainsi qu'il résulte d'un arrêt du Parlement de Rouen du 27 juillet 1736, n'ont été des titres, ni n'ont pu les suppléer. D'ailleurs, que sont ces aveux ? Celui rendu le 15 juillet par les Chartreux ne signifie autre chose que le désir qu'avaient ces moines de se débarrasser des demandes que leur faisaient leurs vassaux en envahissant les propriétés voisines. L'acte de complaisance de quelques vassaux des Chartreux qualifié d'aveu, rendu le 8 janvier 1791, n'est autre chose que ce même système d'usurpation.

Par contre, la municipalité de Saint-Léger établit que le terrain en litige est situé sur la commune de Saint-Léger et sur l'ancienne mouvance de M. de Belbeuf, par les divers aveux rendus à ce ci-devant seigneur par les propriétaires de Saint-Léger, aveux sans doute aussi respectables que ceux énoncés par le conseil de Bonsecours et présentant beaucoup moins de signes de collision, puisqu'ils ont été présentés isolément par divers et à des époques différentes.

« Considérant, ajoute-t-elle, qu'il est un moyen facile de connaître les limites des paroisses, qui est celui des dîmes qui se percevaient par le curé avant la Révolution ; que le curé de Saint-Léger a toujours dîmé la portion de commune comprise au plan de l'ancien fief de Bourdeni, et que jamais celui de Bonsecours n'a élevé de prétentions à ce sujet ; qu'il est faux que les habitants de Saint-Léger aient joui furtivement de ces communes, puisque le fermier de la Picauderie, c'est-à-dire des religieux de Saint-Lô, percevait publiquement cinq sous par bannelée d'argile qui s'enlevait sur cette portion de commune ; qu'il est faux que les habitants de Bonsecours aient exercé juridiquement aucun droit sur la portion de communes dont il est question, et que le prétendu enlèvement de caillou, en 1788, a été ignoré des habitants de Saint-Léger ;

« Considérant que la commune pâture de

Saint-Léger a été comprise dans la matrice du rôle de la contribution foncière de 1791 de cette commune, ce qui démontre qu'elle fait partie de son territoire;

« Considérant, enfin, que, quand même ces actes n'existeraient pas, les habitants de Saint-Léger ont pour eux et en leur faveur une possession paisible par et depuis quarante ans, qui suffirait à prescrire le titre même des habitants de Bonsecours, s'ils en avaient aucun, aux termes de l'article 521 de la Coutume de Normandie, 2230 et 2262 du code Napoléon;

« Par ces motifs, autorise le maire à se défendre de la demande de Bonsecours devant tous les tribunaux où elle pourrait être portée.

« *Ont signé :* Bailleul, J.-B[te] Rasse, G[me] Hébert, Letellier, Lemoine, Tribout et Manoury, maire. »

A la délibération était joint, non pas, malheureusement, un plan cadastral de la commune, dressé depuis la Révolution, comme l'avait pu faire Bonsecours (ce plan cadastral n'avait point été fait pour la commune de Saint-Léger, pas plus du reste que pour le canton de Darnétal), mais le plan du fief de Belbeuf dans la commune de Bourdeni, dans lequel figuraient ces pâtures, avec l'énoncé des aveux les concernant.

Réplique du maire de Bonsecours à la délibération du conseil datée du 21 janvier 1812.

Le conseil ne renouvellera pas les moyens énoncés dans sa première délibération, lesquels démontrent jusqu'à l'évidence le droit de propriété de sa commune ; et ce n'est pas avec des mots, la plupart vides de sens, qu'on peut la détruire. Il se bornera à démontrer que l'extrait de plan produit par les habitants de Bourg-Denis, sans titres à l'appui d'icelui, ne peut équivaloir à un titre et est absolument insignifiant. En effet, que prouve cet extrait de plan, sinon que le fonds dont il s'agit, qui est en partie avoisiné d'héritages situés sur la commune de Bourg-Denis, a été compris au plan général de cette commune ? Mais il ne s'ensuit pas pour cela qu'il soit situé sur icelle commune. Le feudiste qui l'a fait ne lui a pas donné de numéros comme aux autres héritages situés sur cette commune, ce qui donne la conviction qu'il le reconnaît faire partie du territoire de la commune de Bonsecours. Bien plus, lui eût-il plu de le dire situé sur Bourg-Denis, son assertion ne saurait suffire sans titre à l'appui; et, s'il existait des titres, il n'y a pas à douter qu'ils auraient été vantés en la délibération du conseil municipal de Bourg-Denis. Si les membres du conseil de cette commune avaient quelques notions de l'ancienne partie féodale et de la géométrie, ils sauraient que lorsqu'il se trouvait dans une commune ou un fief quelques héritages enclavés mouvants d'un autre fief et situés sur une autre commune, l'arpenteur ne les comprenait pas moins dans son plan. Puéril moyen employé par ce conseil de dire que ce fonds doit nécessairement faire partie du territoire de sa commune, parce qu'il y est en partie enclavé. Personne n'ignore que les paroisses, comme les fonds en dépendant, suivaient les fiefs, et qu'une ou plusieurs pièces de terre situées au milieu d'une paroisse, souvent ne dépendaient ni de cette paroisse ni du fief appartenant au seigneur d'icelle. Ce n'est donc pas parce que le fonds se trouve compris au plan de la commune de Bourg-Denis, dont M. de Belbeuf était seigneur, que cela le fera changer de situation.

Le conseil, en outre, ne reconnaît point les aveux faits à M. de Belbeuf, et vante au contraire les aveux rendus à la commune de Bonsecours, et il repousse le droit de prescription invoqué par la municipalité de Saint-Léger, attendu que de tout temps les habitants de Bonsecours avaient fait pâturer leurs bestiaux sur ce fonds. On rappelle encore l'enlèvement du caillou extrait en 1788.

Conclusion : La commune de Saint-Léger veut envahir cinquante ou soixante acres du fonds communal de Bonsecours, sans aucun titre, prétention qui n'a pris naissance que dans le cerveau souvent trop échauffé d'un citoyen de la même commune qui veut la diriger.

Troisième phase. — Les choses paraissent être restées en l'état jusqu'en 1819, où, en vertu d'ordres supérieurs, le préfet invita les conseils municipaux à louer les communaux qui ne seraient pas jugés utiles. La municipalité de Bonsecours fit arpenter immédiatement tous les terrains communaux qu'elle prétendait être son bien, et, avec l'assentiment de M. le préfet, fit afficher leur location. A cette nouvelle, les membres du corps municipal de Saint-Léger écrivent à M. le préfet le 3 décembre 1819 pour déclarer qu'ils se rendent opposants à toute mesure ultérieure sur l'ancien dìmage de Saint-Léger.

D'après eux, ces pâtures s'étendent en longueur depuis le bois de la Fricaille jusqu'au fond de la Vallette, et en largeur, entre les terres labourées de Saint-Léger qui descendent dans la vallée, et celles qui sont sur le plateau du côté du Mesnil, aboutissant au haut de la Vallette où était autrefois une mare appelée le trou de Bourdeni, aujourd'hui labourée, et dont on voit encore l'enfoncement. Le dîmage du curé de Bourdeni s'étendait jusque-là. Ceux qui avaient loué la dîme ou dîmé pour lui, existent encore, et ils ont dîmé sur toutes les terres labourables ci-dessus limitées. Les hommes trouvés morts sur la pâture ont été enterrés à Bourdeni; entre autres, un cadavre, trouvé sur la pente du fond de la Vallette dans un fossé, a été enterré le 16 juillet 1766. Ce fait est connu de beaucoup d'individus existant encore tant à Saint-Léger que dans les communes environnantes. Les constatations furent faites par le juge de paix de Darnétal et le décès enregistré à Saint-Léger.

Les limites du fief de Bourdeni se trouvent pareilles à ce que dessus dans les papiers terriers des anciens seigneurs de Bourdeni ; et le dernier plan qui fut fait en 1763 par les feudistes de M. de Belbeuf, appuyé de tous les titres, approuvé par le sénéchal de la haute justice de la seigneurie de Bourdeni, porte la même démarcation. Un procès gagné par M. de Belbeuf contre les religieux de Saint-Lô qui empiétaient sur sa seigneurie a été jugé d'après ces mêmes limites, qui sont rentrées sous la justice du sénéchal, et sous la surveillance des gardes de M. de Belbeuf reçus pour la seigneurie de Bourdeni.

Les impôts se percevaient, avant la Révolution, et se perçoivent encore d'après les mêmes limites. Les terres vaines et vagues, d'après la coutume de Normandie, appartenaient au seigneur, mais les habitants y avaient un droit d'usage qui n'a jamais été contesté par M. de Belbeuf. Les habitants de Bourdeni y ont envoyé leurs bestiaux, pris des joncs marins et de la bruyère, extrait du caillou, sans être arrêtés par personne, si ce n'est depuis quelques années par le maire de Bonsecours, qui, le premier depuis des siècles, a prétendu réunir les communes de Saint-Léger à celles de Bonsecours. Nous croyons, disent les conseillers municipaux, qu'il a fallu qu'il passât par-dessus les communes du Mesnil-Esnard, qui a également l'usage des communes et avec qui nous avons toujours vécu en parfait accord, les habitants de cette commune s'étant toujours renfermés dans la portion de pâture qui leur appartient. Enfin, ils réclament que l'arrêté du Parlement du 2 mai 1785, qui a prescrit les mauvais titres des Chartreux et reconnu les droits du seigneur de Bourdeni, fasse seul la loi sur le fait de ces pâtures.

Ont signé : J.-B. Rasse, maire; Simonne, Bailleul, Tribout, G. Hébert, Gme Angrand, Dumouchel fils, Durand, Letellier et Grenier, adjoint.

Le maire avait hâte de savoir l'effet produit par cette opposition, et, le 12 janvier 1820, il écrivit au préfet pour demander si Bonsecours persistait dans ses prétentions. Le préfet répondit que le maire n'avait jusque-là fourni aucun renseignement. En effet, celui-ci n'avait pas passé outre. Trois autres oppositions s'étaient produites contre cette location : l'une du Mesnil-Esnard, l'autre de M. Hauguet, et la troisième de M. de Belbeuf.

Le Mesnil-Esnard, au nom des habitants qui avaient toujours envoyé leurs bestiaux sur cette pâture, faisait valoir que ces biens avaient été cédés par le seigneur du Mesnil aux Chartreux de Sainte-Catherine en faveur des habitants du

Mesnil ; qu'à l'époque de cette donation, Blosseville n'était qu'un hameau du Mesnil, que le Mesnil avait donc un droit certain sur une partie de ces terrains, qu'il en avait toujours joui concurremment avec Bonsecours, comme Bourdeni jouissait de la portion située sur son territoire. Il protestait donc contre les prétentions qu'élevait Bonsecours, commune issue du Mesnil, de tout accaparer à son profit exclusif.

M. Hauguet, acquéreur de la ferme de la Lande, ci-devant propriété des religieux de Saint-Lô, réclamait le droit de pâture comme un droit inhérent au fonds acheté par lui. En effet, elle montrait dans tous les baux consentis depuis trois cents ans aux fermiers par les religieux une clause imposant au fermier une redevance de 15 sols par chaque an aux Chartreux de Saint-Julien; et ce, pour usage de pâtures appartenant à ces religieux. Les religieux de Saint-Lô avaient, paraît-il, acquis en 1237 le fief perpétuel de cette pâture dont Bonsecours se prétend propriétaire, pour cette redevance annuelle de 15 sols, des religieux de Sainte-Catherine, auxquels avaient succédé les religieux Chartreux.

M. de Belbeuf se présentait au droit de ses

auteurs, ceux-là de qui les religieux de Sainte-Catherine avaient reçu en 1060 ces terrains que Bonsecours s'est appropriés. Il apportait surtout un document grave contre les prétentions de Bonsecours. C'était l'arrêt du Parlement de 1785 invoqué par la municipalité de Saint-Léger et duquel, selon lui, résultait que les communes dites de Sainte-Catherine s'arrêtaient à la Vallette, et n'empiétaient pas sur le dîmage de Bourdeni. Cet arrêt enregistrait les aveux des moines et homologuait une transaction consentie par eux, dans laquelle ils reconnaissaient les limites de leur propriété foncière, se désistaient expressément de tout droit seigneurial sur les pâtures situées sur la commune de Bourdeni. En conséquence, les anciens titres des Chartreux ayant été mis à néant, les prétentions de Bonsecours qui s'appuient sur ces titres tombent d'elles-mêmes, et la sentence arbitrale, rendue en 1793 en faveur de Bonsecours, perd toute valeur, ayant été basée sur des titres déclarés faux et annulés par l'arrêté.

Enfin, l'affaire fut portée devant le tribunal civil de Rouen en décembre 1828. La commune de Saint-Léger fut condamnée. Mais, sur une consultation de trois jurisconsultes de la capitale présentée par M. Fortier, maire, il fut décidé par le conseil d'interjeter appel du jugement devant la cour royale.

En 1830, une solution parut poindre à l'horizon. Autorisé par le préfet, M. Fortier, dans la séance du 24 mai 1830, fit part à son conseil d'un projet d'accommodement à l'amiable qui lui était annoncé par le maire du Mesnil, et qui consisterait à partager ces pâtures en trois parties égales.

Le conseil, trouvant là une solution prompte et qui épargnerait beaucoup de frais, nomma, séance tenante, parmi ses membres, deux commissaires qui s'adjoindraient au maire pour arrêter, avec les délégués des autres communes, les bases de la transaction ; puis, dans une séance suivante, cette commission fut remplacée par une autre, composée de M. Houel, avocat, Dupray, avoué, et Guillaume Hébert, cultivateur à Saint-Léger. Mais les démarches de celle-ci n'aboutirent pas, puisque Bonsecours se mettait en œuvre en 1834 pour prendre possession des pâtures, en pratiquant des fossés alentour et en faisant des plantations.

Le conseil, par une délibération en date du 4 février, demanda encore une fois l'autorisation de poursuivre la commune de Bonsecours, et le 3 août, le maire, M. Roger, forma une opposition à la location des pâtures. Un jugement du tribunal civil de première instance ayant déclaré nulle cette opposition, le conseil décida d'interjeter appel de ce jugement, parce que, prétendait le conseil, il n'était basé sur aucun titre visuel de propriété de la part de Bonsecours, et qu'il n'avait été rendu que par défaut contre la commune de Saint-Léger, laquelle, au moment du jugement, manquait de l'autorisation du conseil de préfecture pour ester en justice. Mais la commune fut déboutée par deux jugements du tribunal civil des 15 juillet 1835 et 27 juillet 1836, confirmés par arrêts de la cour royale des 16 juillet et 18 août 1836, et en 1839 il était inscrit au budget une dépense de 575 fr. 25 à payer à la commune de Blosseville-Bonsecours pour frais de procès.

La commune se trouvait limitée ainsi considérablement au midi dans toute sa largeur. Elle était privée de grandes ressources pour sa vicinalité et pour ses agriculteurs. Comme conséquence, la ferme de la Lande, interceptée par cette ceinture que Bonsecours formait autour d'elle, fut, par arrêté préfectoral, distraite du canton de Darnétal et de la commune de Saint-Léger. Ce fut un dédommagement accordé au Mesnil-Esnard pour la perte de son droit de pâture, et pour Saint-Léger une perte de revenus sans compensation aucune. Il résulta de tout cela une anomalie, inexplicable aujourd'hui, entre les limites à l'est de Bonsecours et celles du Mesnil-Esnard.

En vain M. Glasson, fermier, puis propriétaire de la Lande, protesta contre ce nouvel ordre de choses qui le séparait de Saint-Léger, où il avait ses habitudes, ses relations, où reposaient les membres de sa famille décédés. Il déclara vouloir continuer à faire partie de la garde nationale à Saint-Léger; mais de fait, il était civilement du canton de Boos. Jusqu'à l'heure actuelle l'autorité ecclésiastique a maintenu la ferme de la Lande dans la paroisse de Saint-Léger.

CHAPITRE III.

—

Municipalités de Saint-Léger depuis la Révolution.

Quatre noms seulement des agents de la commune pendant la période révolutionnaire nous sont connus, savoir :

En 1790, M. Devanchy, propriétaire d'un moulin à foulon, proche du château, et Jacques Ledran, qui occupait, croyons-nous, le moulin de Saint-Lô, le même sans doute que Jacques Ledran qui fut, en 1794, nommé agent national de Darnétal.

En 1797, M. Dupuis.

En 1798, M. Saheurs.

En 1800, les mairies ayant été établies par le Consulat, M. Hébert fut nommé maire, et resta à la tête de la municipalité jusqu'à la fin de 1808. M. Bocage, adjoint.

Il eut pour successeur M. Anty, qui fut remplacé en 1810 par M. Manoury. On se rappelle comment ces noms ont été mêlés aux affaires dont nous avons parlé précédemment.

Le 13 septembre 1812, M. Colbrix fut installé comme maire de Saint-Léger par le maire de Darnétal, et prêta serment de fidélité à l'empereur devant la garde nationale réunie. Cette même année, l'église ayant été érigée en chapelle par décret impérial, le conseil dut, en vertu de la loi, inscrire au rôle de répartition de la commune un impôt au centime le franc pour le traitement obligatoire du desservant. En juillet 1814, M. Colbrix donna sa démission, démission peut-être politique, puisque les Bourbons venaient de rentrer en France, mais motivée par un changement de domicile. En l'acceptant, M. le préfet lui exprimait ses vifs regrets, accompagnés des éloges les plus flatteurs pour son administration.

Son adjoint, M. Roisset, fut installé à sa place

comme maire, le 18 septembre 1814, avec M. Rasse comme adjoint. Il prêta, devant le conseil et la garde nationale, le serment de fidélité à Louis XVIII, ainsi conçu : « Je jure et promets à Dieu de garder obéissance et fidélité au roi, de n'avoir aucune intelligence, de n'assister à aucun conseil, de n'entretenir aucune ligue qui soit contraire à son autorité ; et si, dans le ressort de mes fonctions ou ailleurs, j'apprends qu'il se trame quelque chose à son préjudice, je le ferai connaître au roi. » L'adjoint et tous les membres du conseil après lui, séparément, le répétèrent à haute voix.

Mais les Cent-Jours arrivèrent, et le 27 avril suivant, M. Rasse, adjoint, et les autres membres du conseil, prêtaient serment d'obéissance aux constitutions de l'Empire et de fidélité à l'empereur. M. Roisset n'intervint que pour légaliser les signatures sur le registre.

M. Rasse fut désigné maire par l'assemblée communale ; mais, installé seulement le 15 juin, trois semaines avant la fin des Cent-Jours, il eut à peine le temps d'entrer en fonctions. Le 7 juillet, M. Roisset reparaissait comme maire, en vertu d'une ordonnance royale. C'était, semble-t-il, un chaud royaliste. Le dimanche

16 juillet, jour où il reprit ses fonctions, dont, dit-il, il avait été éloigné par la violence le 5 juin, spontanément il organisa une cérémonie pour l'inauguration solennelle du drapeau blanc. Quatre membres du conseil seulement répondirent à son appel; l'adjoint, M. Rasse, et les autres n'ayant pas jugé à propos de s'y rendre. Le commandant de la garde nationale avec tout son corps d'officiers et une grande partie de la garde en armes les escortèrent à la mairie, où il présenta le drapeau fleurdelisé. Quand il eut été salué par les acclamations, le cortège le porta en triomphe à l'église; là, le maire fit un discours des plus chaleureux, et, accompagné du président du conseil de fabrique, il l'arbora aux cris de « vive le roi! » sur la tour de l'église. Il a voulu laisser aux archives une relation écrite et authentique de la fête. C'est à elle que nous empruntons ces détails prétentieux.

La commune fut, comme beaucoup d'autres, occupée par les armées alliées; mais cette occupation, tout odieuse qu'elle fût, paraît avoir eu un caractère assez pacifique. Toutefois les anciens du pays, lorsqu'ils virent, après plus de cinquante ans, l'invasion du pays par les Prussiens, reconnurent bien vite ces casques à pointe que leurs yeux d'enfant avaient déjà vus.

M. Roisset ne resta pas à la mairie plus d'une année. Il dut démissionner et installer, le 5 janvier 1817, M. Rasse, nommé maire par arrêté préfectoral le 25 août 1816, avec M. Pierre Grenier comme adjoint. Sous cette administration, nous signalerons :

9 août 1819, autorisation donnée par le conseil à la construction d'un pont, le premier dans la commune sur l'Aubette, près le moulin de Saint-Lô ;

Août 1819, démarches très pressantes près de l'autorité supérieure, au nom du conseil et des habitants, à l'effet d'obtenir un titre paroissial de succursale pour la commune, couronnées de succès seulement en 1825. De ce fait, le traitement du desservant passait à la charge de l'Etat.

Nous avons relaté précédemment comment le conseil défendit les intérêts de la commune contre Blosseville-Bonsecours en 1819 et contre Darnétal en 1827.

En 1827, M. Rasse fut nommé pour représenter la commune dans la commission appelée à vérifier les opérations du cadastre du canton de Darnétal. Il résigna ses fonctions de maire en 1828 et fut remplacé par M. Fortier, propriétaire et teinturier.

M. Fortier et M. Poixblanc, son adjoint, prêtèrent, le 12 septembre 1830, le serment au roi Louis-Philippe : « Je jure fidélité au roi des Français, obéissance à la Charte constitutionnelle et aux lois du royaume. » Les désordres qui eurent lieu à Darnétal à cette époque, en particulier le 6 septembre, ne paraissent pas avoir troublé Saint-Léger. Mais le manque de travail se fit sentir dans la commune à la fin de cette année et en 1831. Une quantité d'ouvriers se trouvèrent sans ouvrage et malheureux. Pour leur venir en aide, le conseil, d'accord avec les plus imposés, vota, le 30 mars 1831, une imposition extraordinaire destinée surtout à procurer du travail : réparation des chemins, extraction et réglage des cailloux sur les communes pâtures, terrassements, etc.

Démissionnaire, M. Fortier installa comme maire M. Roger, propriétaire et moulinier, le 21 février 1831. Celui-ci dut pourvoir à l'organisation et au fonctionnement de la garde nationale, qui fut toujours une charge lourde pour les finances de la commune. Le choléra-morbus qui ravagea notre pays, en 1832, fit dix victimes à Saint-Léger, quatre hommes, quatre femmes et deux enfants.

M. Renoult fut installé dans les fonctions de maire par M. Roger, démissionnaire, le 21 janvier 1836, M. Alliaume conservant les fonctions d'adjoint qu'il remplissait déjà depuis cinq ans. La gestion de M. Renoult, heureusement commencée, se termina d'une manière regrettable. Un conflit d'attributions s'éleva entre lui et le conseil municipal, renouvelé par les élections communales de mai 1840. Des travaux urgents à l'église avaient été mis en adjudication et exécutés sous le précédent conseil. Une souscription avait été ouverte par le maire, dans la commune, pour venir en aide au budget communal, notoirement insuffisant à procurer les ressources nécessaires. Le nouveau conseil installé exigea du maire communication du devis et de l'original de la liste de souscription pour examiner et régler lui-même les comptes. Le maire refusa cette communication, n'ayant, dit-il, de comptes à rendre qu'à M. le préfet, puisque le travail dépassait sans conteste l'allocation à fournir par la commune. Sur ce, le conseil refusa de procéder à l'installation du maire, lorsque M. Renoult se présenta, le 10 août, avec la commission de M. le préfet, qui renouvelait son mandat pour trois ans, et il adressa une plainte à la préfecture, motivant son attitude. Après trois convocations du conseil sans résultat, sur l'avis du préfet, le maire transcrivit sur le registre des délibérations le serment qu'il devait prêter, et reprit possession de ses fonctions. Mais en vain le préfet, qui soutenait le maire, écrivait au conseil pour l'engager à la conciliation, pour réfuter les rapports que lui adressait l'opposition. Inutilement, les entrepreneurs et créanciers de la commune, pour travaux à l'église, aux chemins, envoyaient des assignations; le conseil, inflexible et à l'unanimité, moins l'adjoint au maire, ne désarma pas.

En 1841, il refusa de voter le budget extraordinaire de l'année et le budget de 1842. Il commença même à délibérer en l'absence et à l'exclusion du maire. Naturellement ses délibérations furent annulées, et le conseil de préfecture fut obligé, à la fin de septembre, d'imposer d'office un budget pour 1842. Enfin, après plus de quinze mois, de guerre lasse, le maire remit toutes les pièces aux mains du conseil. La commission, nommée par celui-ci, reconnut, après examen, que les comptes étaient parfaitement corrects et réguliers; que c'était à tort qu'on avait pu soupçonner que toutes les souscriptions promises n'avaient pas été intégralement versées. Alors le maire déposa sa démission, ajoutant qu'il espérait que le conseil rendrait justice à la pureté de ses intentions, et reconnaîtrait que son administration était à l'abri de toute critique sous le rapport du zèle et de la probité. Le conseil lui donna décharge entière, ainsi que de toutes choses relatives à son administration, et même, dans la séance qui suivit, il décida de transcrire sur le registre des délibérations le premier paragraphe de la lettre adressée par M. le préfet au maire en acceptant sa démission, et dans laquelle ce magistrat, après avoir exprimé sa satisfaction de voir réglées toutes ces difficultés, ajoutait : « Je m'applaudirais sans réserve de ce résultat, s'il ne devait me priver désormais de votre concours, et je renouvelle les expressions de regret et d'estime de ma lettre du 23, par laquelle j'ai dû accepter votre démission, dans laquelle, malgré une instance, vous avez cru devoir persévérer. »

M. Renoult continua à remplir les fonctions de maire jusqu'au 12 janvier 1842, où il installa

M. Prosper Boulanger, nommé pour le remplacer.

M. Boulanger devait conserver ces fonctions pendant plus de quarante-deux ans. La tâche à remplir était très grande et demandait toute l'activité d'un homme jeune, énergique, et ayant le sens administratif. La commune, à cette époque, était, comme nous le verrons plus loin, peut-être des plus déshéritées du département; et on peut se demander comment, avec sa population importante, ayant une vie industrielle active, si proche de la ville, elle avait pu demeurer ainsi en dehors de tout progrès. De plus, la crise municipale que nous venons de raconter avait laissé tout en souffrance depuis deux ans. On se trouvait en face d'une dette de 11,000 fr., dont 7,100 pour l'église, qu'il fallait éteindre. Un impôt de 15 centimes additionnels extraordinaires fut imposé aux contribuables pour cinq ans. Le maire multiplia ses démarches pour obtenir des subventions. Il alla trouver le roi en personne, et M. Thiers, prémier ministre. Malheureusement, des besoins nouveaux et urgents surgirent, et enfin arriva la crise commerciale qui marqua la fin de la monarchie de Juillet et les premiers temps de la République.

A la fin de 1846, le conseil de Saint-Léger, vu la position de la commune depuis plusieurs années, chargée d'impôts extraordinaires atteignant le maximum permis par la loi, avait décidé à l'unanimité que chacun de ses membres viendrait en aide aux ouvriers par des souscriptions volontaires. Mais la crise, qu'on avait pu espérer passagère, allait grandissant, et, le 20 février 1847, le maire écrivait au préfet pour lui mettre sous les yeux la position de plusieurs centaines d'ouvriers qui, par la pénurie du commerce et le chômage des ateliers, se trouvaient sans travail et réduits à une affreuse misère. Les sacrifices énormes faits par les personnes généreuses ne suffisant plus même à subvenir aux besoins de première nécessité, le maire priait M. le préfet d'obtenir du ministre des secours pour ouvrir des ateliers de charité pour l'utilité communale. A l'appui de sa demande, il exposait que les demoiselles de Belbeuf offraient une somme de 800 fr. pour la réfection de la rue du Château, que des souscriptions dans la commune avaient produit une somme triple qui serait affectée à la réfection du chemin de Cantony. Le préfet autorisa ces travaux communaux pour les ouvriers de la commune. De plus, il déclara d'intérêt collectif le chemin de Lyons, et y établit un atelier national de charité, où des ouvriers de la commune et des ouvriers des communes voisines trouvèrent un travail peu rémunérateur, il est vrai, mais fort opportun. Le conseil, malgré les charges qui pesaient sur la commune, et quoique ce chemin fût plus utile aux autres communes qu'à Saint-Léger, vota, dans sa séance du 24 décembre 1847, sa part contributive pour cet atelier, afin de procurer du travail aux ouvriers de la commune, où, dit la délibération, un tiers des établissements était en chômage complet.

Le 7 juin 1848, deux cents indigents valides étaient employés aux travaux communaux, et chaque semaine, il était délivré à domicile du pain et des secours aux femmes et aux enfants non employés dans les fabriques, ainsi qu'aux vieillards, au nombre de 225.

Cependant, la crise allait croissant en intensité, et la position précaire des classes nécessiteuses devenait plus pénible par suite de la cherté grandissante des subsistances et le chômage devenu général des établissements. Or, les fonds pour les ateliers communaux s'épuisaient, le travail allait manquer. De plus, un arrêté général du 14 juillet de M. le commissaire du gouvernement vint dissoudre partout les ateliers nationaux et communaux, de sorte que l'atelier national de la route de Lyons fut fermé en même temps que les ateliers de la commune. Le conseil municipal ému, dans sa séance du 19 juillet, fit valoir auprès du représentant du gouvernement l'état de la route de Lyons, qui allait rester impraticable par suite des remblais interrompus, la détresse des ouvriers, et demanda la continuation des travaux sur ce chemin par les ouvriers non employés dans les fabriques, et justifiant n'avoir aucune ressource. Le 20 décembre, il vota un secours de 760 fr. comme supplément à l'allocation du gouvernement. Mais tout cela n'était qu'un palliatif insuffisant. Demander aux contribuables dans cet arrêt général de tout commerce, après les sacrifices énormes faits depuis deux ans, auxquels s'ajoutait l'impôt des 45 centimes supplémentaires sur les quatre contributions directes, était impossible (délibération du 27 septembre).

Le maire trouva dans les personnes aisées de la commune, ou y possédant des propriétés, une aide généreuse pour les classes nécessiteuses. M. Thomas Waddington, en particulier, propriétaire dans la commune depuis plusieurs années et conseiller municipal depuis 1846, lui prêta son concours le plus généreux autant que désintéressé. Des secours purent être distribués chaque semaine aux indigents. A la fin de 1849, nombre d'ouvriers restaient encore sans travail pour l'hiver, et la commune, faisant valoir auprès de l'autorité supérieure que peut-être elle était la seule, dans le département, dans une situation financière aussi obérée, sollicitait encore un secours de 1,000 fr. pour les besoins urgents.

M. Boulanger avait été conservé dans ses fonctions de maire, ainsi que M. Rozée dans celles d'adjoint, par le commissaire du gouvernement de la République; mais il leur avait été adjoint les citoyens Fortier, Philippe Lefrançois, Guerrand, ouvrier, et Joseph Labotte, pour former la commission municipale provisoire. M. Fortier n'accepta pas cette nomination.

La liste électorale, arrêtée le 22 juillet 1848 pour la nomination des représentants du peuple, compta 279 électeurs. Cette même liste, révisée le 26 novembre pour l'élection du Président de la République, qui devait avoir lieu le 10 décembre, porta le nombre des électeurs à 297.

En 1849, la juridiction des prud'hommes de

Rouen fut étendue aux communes de Bonsecours, Petit-Quevilly, Sotteville, et aux cantons de Maromme et de Darnétal. D'après l'arrêté préfectoral, le nombre des prud'hommes devait être de vingt-six, et le canton de Darnétal devait être représenté par un patron et un ouvrier. Le conseil municipal de Saint-Léger demanda que le canton de Darnétal fût représenté sur le même pied que celui de Maromme, c'est-à-dire par deux patrons et deux ouvriers.

Le 4 août 1852, M. Boulanger et M. Rozée, nommés maire et adjoint, et, le 15 septembre suivant, les membres du conseil municipal réélus, prêtèrent le serment ainsi conçu : « Je jure obéissance à la constitution et fidélité au Président. »

Le 5 décembre, le maire, devant la porte principale de la mairie, donna lecture de la proclamation concernant le rétablissement de l'Empire, et le 2 mars 1853, les membres du conseil prêtèrent le serment ainsi modifié : « Je jure obéissance à la constitution et fidélité à l'Empereur. »

Les années 1854, 1855 et 1856 furent, comme partout, pénibles pour la population, à cause de la cherté des vivres. Le pain atteignit un prix démesurément élevé. Mais le travail ne chômait pas. Les secours volontaires suffirent pour soulager la misère sans exiger de la commune des sacrifices extraordinaires.

Le 10 août 1859, le conseil municipal envoya à l'empereur une adresse à l'occasion de la guerre d'Italie, victorieusement et promptement terminée.

En 1857, lors de la création par la compagnie du Nord du chemin de fer de Rouen à Saint-Quentin, il avait été question de faire descendre cette ligne à Rouen par la vallée de Maromme; le conseil municipal de Saint-Léger, comme tous ceux des communes environnantes, avait demandé, au nom des intérêts de la région, le tracé par la vallée de Darnétal. Le 1er juillet 1863, il émit un vote favorable à l'emplacement de la gare de Darnétal, près du passage à niveau sur la route de Gournay.

Cette même année, il fut demandé pour 1864 une deuxième distribution de lettres dans la journée pour la commune, et une subvention de 50 fr. fut votée à cet effet.

En 1865, le conseil autorisa la compagnie des eaux à établir une conduite d'eau partant de la source du Roule par la rue du Cantony, la rue

Framboeuf et l'extrémité de la grande rue de Saint-Léger.

Les années 1862, 1863, 1864, et même 1865, amenèrent pour la commune, où les filés de coton occupaient une grande partie de l'industrie, une crise aiguë du travail, connue sous le nom de crise cotonnière. Les approvisionnements de coton manquaient par suite de la guerre de sécession entre le nord et le sud des Etats-Unis, qui avait arrêté sa culture et sa récolte. Une détresse générale s'ensuivit dans notre contrée, et spécialement à Saint-Léger. Beaucoup d'ouvriers se retrouvèrent sans travail, ou n'en trouvèrent qu'en s'éloignant du pays, notamment à Elbeuf. De nouveau, il fallut recourir au vote d'impôts extraordinaires pour venir largement en aide au bureau de bienfaisance, et aux personnes généreuses de la commune.

Mais la période douloureuse, inoubliable, fut la guerre de 1870-1871. La misère fut générale et extrême, aggravée encore par les douleurs du patriotisme humilié, les transes de l'approche d'un ennemi victorieux, les levées d'hommes appelés à la défense du territoire, enfin par l'occupation étrangère. Tous ceux qui ont traversé cet hiver d'une longueur et d'une rigueur exceptionnelles n'oublieront jamais ce qu'il y eut à supporter alors de souffrances physiques et morales.

Les ateliers furent fermés pendant près de six mois, et dès le commencement de septembre, tout travail était à peu près suspendu. La population de Saint-Léger montra les meilleures dispositions d'esprit. On n'eut point à constater cette fermentation dans les esprits ni ces chants séditieux qui avaient effrayé en 1848. Il y eut seulement à regretter, comme d'ailleurs à peu près partout aux abords des forêts, des déprédations excessives dans les bois. C'est ainsi, en particulier, que disparut une avenue de vieux arbres qui descendait du Roule vers le chemin du Cantony.

Dans cette circonstance, comme toujours dans les moments difficiles, la misère locale trouva, pendant la cessation du travail, dans les privilégiés de la fortune demeurés dans le pays, aide et sympathie, et la commune leur en garde un bon et long souvenir.

La municipalité avait à pourvoir à des nécessités de toutes sortes. Par ordre supérieur, il fallut mettre sur pied la garde nationale. Un certain nombre de ceux qui furent portés au rôle s'habillèrent sur-le-champ ou promirent de s'habiller à leurs frais. Mais 60 gardes nationaux sédentaires se déclarèrent hors d'état de pourvoir à leur équipement. Le 18 octobre, il fallut pour cet objet voter une somme immédiatement réalisable. Le 19 novembre, la commune, imposée par le préfet pour armement, habillement, équipement et solde des mobilisés, à une somme de 6,200 fr., dut voter un impôt de 41 centimes par franc. Mais ces dépenses énormes ne profitaient pas à la commune; on ne pouvait cependant oublier la classe ouvrière qui souffrait. Des sommes considérables furent votées les 17 septembre et 27 décembre pour les ouvriers sans travail. Une cinquantaine d'hommes furent employés par la commune à prolonger la réfection de la rue du Cantony, le long du cimetière, à élargir la route du Château et à remblayer le terrain dit jeu de boulette (1) pour donner plus d'extension au cimetière, reconnu insuffisant.

Le 11 janvier 1871, en raison de la cherté des

---

(1) Ainsi appelé parce qu'il était le rendez-vous traditionnel des jeunes gens du pays, qui s'y réunissaient le dimanche et s'y livraient avec le plus cordial entrain à ce jeu favori.

vivres, on porta de 1 fr. 50 à 2 fr. le prix de la journée des ouvriers communaux.

Des ouvriers trouvèrent aussi quelque occupation à ouvrir des tranchées militaires aux environs de la commune. On entretenait le patriotisme des populations dans cette pensée que la ville de Rouen pouvait être défendue et devait opposer aux Prussiens une résistance héroïque. Pour barrer le passage à l'ennemi venant de la vallée d'Andelle ou par les routes du Nord, on s'était fortifié sur les hauteurs du Val-Angran et du Val-Audin, du côté de Saint-Jacques et du côté de Franqueville et du Mesnil. Par l'initiative de patriotes zélés, des canons même avaient été braqués sur les deux points.

On sait ce qui se passa lorsqu'on apprit que les Prussiens, maîtres d'Amiens, se dirigeaient en masses considérables sur Rouen : 25,000 hommes de troupes françaises, composées pour la plupart d'hommes mobilisés, mal armés, mal vêtus, se portèrent en avant. La rencontre eut lieu aux environs de Buchy et de Rocquemont. La déroute fut complète aux premières attaques, et les Français se retirèrent en hâte et en désordre, le 4 décembre 1870, pour se réfugier vers le Havre ou passer précipitamment sur la rive gauche de la Seine. Les tranchées furent abandonnées, les canons encloués, et les affûts brisés ; les habitants de Saint-Léger, qui avaient tremblé à la vue de ces canons, craignant le bombardement du pays, furent rassurés. Une ambulance, que M. Pimont avait patriotiquement ouverte dans ses ateliers inoccupés, pour nos soldats français blessés, fut précipitamment abandonnée par ceux-ci pour soustraire l'uniforme français au vainqueur, qui eût fait d'eux autant de prisonniers de guerre, et le 6 décembre 1870, huit cents ou neuf cents dragons allemands s'installèrent dans la commune.

Rappelés tout à coup dans le Nord, où le général Faidherbe infligeait à nos ennemis des pertes sérieuses, ils furent remplacés par plus d'un millier de Prussiens que l'habitant dut loger, nourrir et servir.

Le 14 janvier 1871, la commune fut frappée, par le capitaine du troisième régiment de grenadiers de la Prusse occidentale, d'une contribution de guerre de 24,525 fr. à payer dans le délai de quarante-huit heures, sous peine des mesures de coercition. Comment fournir cette somme? Le conseil décida que, vu la détresse générale, cette capitation serait supportée seulement par les propriétaires, les industriels et les personnes tenant boutique ouverte, environ soixante familles. Par suite de démarches près du nouvel empereur d'Allemagne, cet impôt fut réduit des deux tiers, c'est-à-dire, pour notre commune, à 8,175 fr.

Dans le courant de février, cinq cents artilleurs occupèrent la commune avec leur parc d'artillerie, qu'ils établirent dans une terre aujourd'hui enclavée dans la propriété Lavoisier, en face des établissements Pimont.

Enfin, dans le courant de juin, eut lieu un nouveau cantonnement d'environ un millier de Prussiens; mais alors la paix était signée, leur départ était une certitude, l'activité industrielle avait repris tout son essor; leur vue seule était pénible. Cependant, lorsqu'ils eurent débarrassé le sol de leur présence, dans le soupir du soulagement, malgré bien des griefs odieux relevés contre eux, malgré l'irritation contre certains de leurs chefs que leur hauteur brutale ou leurs exigences avaient rendus haïssables, quand on songea à ce qu'avait été et à ce que pouvait être pour le pays conquis une occupation armée, par son ennemi qui le tient sous sa botte et la pointe de son épée, irrité, fatigué lui-même par une guerre meurtrière qui l'éloignait des siens et pour un si long temps, et tremblant sous la main de fer qui le faisait marcher à travers mille dangers, chacun ne put s'empêcher de rendre justice à cet ennemi, dont l'ordre, la discipline, parfois même l'humanité, ont prévenu bien des malheurs possibles.

A cette époque, ceux qui eurent la responsabilité des administrations communales eurent à porter un bien lourd fardeau, lorsque, déjà embarrassés par les souffrances locales, préoccupés de maintenir l'ordre sans autre appui que la force morale, il leur fallait recevoir les chefs ennemis, subir leurs ordres humiliants, obtempérer instantanément à leurs réquisitions de vivres, de grains, de chevaux, de voitures; entamer parfois des discussions et opposer des résistances périlleuses; répondre de tout avec menaces et représailles (1).

---

(1) C'est ainsi qu'un conflit regrettable s'éleva entre l'administration de Saint-Léger et celle de Darnétal.

Le maire de Darnétal, ne pouvant trouver dans sa commune les chevaux et les voitures qui lui étaient réclamés, s'adressa à la commune de Saint-Léger, de préférence aux communes éloignées ; il écrivit le 15 décembre au

Notre commune, en raison de sa situation aux portes de Rouen, journellement sillonnée par des détachements qui allaient et venaient de Rouen à Epinay, où, pendant deux mois, les Prussiens tinrent un camp de ravitaillement, ne pouvait être épargnée. Cependant le maire sut tenir tête à la situation et éviter à la commune tout ce qui pouvait être épargné.

Puissent ce spectacle, ces angoisses, ces douleurs être épargnés aux nouvelles générations, et leur courage patriotique venger un jour ces poignantes humiliations, sans cependant, dans

---

maire de Saint-Léger pour fournir sa part dans les réquisitions imposées au canton.

Le maire de Saint-Léger répondit que la réquisition n'était pas cantonale, mais nominativement imposée par l'arrêté du préfet allemand aux communes de Darnétal, Boisguillaume et Ry, et que le maire de Darnétal n'avait pas le droit de décharger et charger des communes à son gré. Il céda cependant et requit Pierre Bourdet de se trouver le lendemain 16 au Champ de Mars avec une voiture, deux chevaux et leur conducteur, à la disposition des Prussiens. Par malheur, chevaux ni voiture ne revinrent pas, et P. Bourdet réclama de ce chef 1,120 fr. La commune de Saint-Léger ne pouvait méconnaître cette dette ; mais naturellement elle en fit, non sans peine, la commune de Darnétal responsable.

la victoire, abuser du droit de la force, et sans se départir jamais de l'honneur, de l'humanité et de la générosité !

Les frais résultant pour la caisse municipale de la guerre et de l'occupation allemande étaient évalués à 20,500 fr., sur lesquels 11,000 fr. restaient à payer.

Lors de l'insurrection de la Commune à Paris, le conseil municipal rédigea au Président du Pouvoir exécutif une adresse protestant de son dévouement à l'Assemblée nationale, qui fut portée par le maire de Rouen.

Le 9 mai 1871, M. Boulanger, maire, et M. Rozée, adjoint, furent réélus dans leurs fonctions par le conseil municipal.

Les élections de 1884 amenèrent à la tête de la municipalité M. Sasle-Déchamps, antérieurement adjoint au maire. Il vient d'être réélu maire à l'unanimité, ainsi que M. Néron, adjoint, à la suite des élections de 1888. Le conseil municipal se trouve ainsi composé d'après le dernier vote :

MM. Sasle-Déchamps (Edouard).
Néron (Alexandre).
Bellat (Gabriel).
Branlot (Emile).

MM. Farin (Léon).
Foucaux (Henri).
Hédain (Louis).
Lavoisier (Eugène).
Léonard (Olivier).
Marinier (Emile).
Ratiéville (Louis).
Valentin (Quentin).

—

Noms des Maires qui se sont succédé depuis 1797.

1797	Dupuis. . . .	agent,	1 an	en fonctions.
1798	Saheurs . . .	—	2 ans	—
1800	Hébert. . . .	maire,	8 ans	—
1808	Anty	—	1 an	—
1809	Manoury . . .	—	3 ans	—
1812	Colbris. . . .	—	2 ans	—
1814	Roisset . . .	—	2 ans	—
1816	Rasse. . . .	—	12 ans	—
1828	Fortier . . .	—	3 ans	—
1831	Roger. . . .	—	5 ans	—
1836	Renoult . . .	—	6 ans	—
1842	Boulanger . .	—	42 ans	—
1884	Sasle-Dechamps.	—		

CHAPITRE IV.

—

Saint-Léger il y a cinquante ans.

Nous avons entendu répéter si souvent par les anciens du pays que Saint-Léger d'aujourd'hui est méconnaissable par suite des transformations qu'il a subies, que nous croyons devoir faire un tableau exact de la commune il y a cinquante ans, tableau peu flatteur assurément par lui-même, mais qui n'en fera que mieux ressortir les sacrifices faits par les habitants et leur amour pour leur pays.

Aspect général du pays.

Celui qui vient de Rouen par la route de Lyons, et aperçoit, sur la droite à partir du viaduc du chemin de fer, ces riches propriétés aujourd'hui couvertes de massifs, assises sur le coteau, avec leurs habitations et leurs belles dépendances ; qui, en avançant vers le haut de Saint-Léger, toujours sur la droite, passe devant ces maisons s'échelonnant, sans malheureusement s'aligner, jusques et y compris la propriété de M. Boulanger à l'extrémité, ne se douterait guère que rien de tout cela n'existait il y a un demi-siècle, ni les propriétés de MM. Waddington et Lavoisier, ni la mairie, ni la ferme de M. Boulanger, ni les autres constructions plus récentes encore du côté de Darnétal.

Tout le terrain, depuis le chemin de fer jusqu'au moulin, n'était autre chose qu'un champ nu, à usage de culture ou de jardinage, défoncé à plusieurs endroits par des briqueteries. Aucune des maisons bâties plus loin sur la route de Lyons n'existait, pour cette raison que le chemin n° 42 lui-même n'existait pas, et que la prairie s'étendait d'un seul tenant depuis la côte jusqu'à la rivière.

Vicinalité dans la commune.

Il ne semble pas qu'on puisse imaginer aujourd'hui rien d'incomplet et de négligé, comme les moyens de communication dans la commune.

La route la plus fréquentée, parce qu'elle mettait en communication Saint-Aubin avec Rouen, était la route dite de Lyons, ancienne voie romaine de Rouen à Paris par la côte du Montmain, suivant les cavées de Carville, de Sainte-Marguerite et le Vert-Buisson. C'était une voie étroite et mal entretenue, que la circulation, toujours croissante en raison des progrès de l'industrie à Saint-Aubin, détériorait chaque année davantage. Comme dans beaucoup d'endroits, l'espace manquait pour deux voitures de front ; les charretiers s'avertissaient de loin par le claquement de leurs fouets, pour éviter des rencontres ; et quels casse-cou ! On peut en juger encore par la cavée du Val-Audin (1) qui en est un tronçon.

Dans l'intérieur du pays, il y avait uniquement ce que l'on appelait la sente de Bourdeni, ou, d'un nom plus récent, la sente des Grecs, de

(1) On écrit aujourd'hui « Val-aux-Daims ».

2 mètres de largeur, qui partait de la grande rue de la Bretèque à la Picauderie, et, évitant le passage de la rivière, la laissait à gauche et la côtoyait jusqu'au delà des Grecs; de là, elle se dirigeait en droite ligne à la grande porte du Château. De cette sente il ne reste plus aujourd'hui que quelques tronçons, l'un conduisant au moulin, l'autre aux Grecs, un troisième chez M. Sasle-Déchamps, et enfin un autre au Château.

Plus étroite encore que la route de Lyons et en non moins mauvais état, elle était dans une grande partie bordée de hauts arbres, peupliers et autres, qui y conservaient l'humidité et une boue vaseuse et en faisaient un défilé sombre, peu rassurant pour les voyageurs de nuit.

Les autres chemins, si nous exceptons celui qui traverse les prairies, existaient dans la direction que nous leur connaissons aujourd'hui, mais ils étaient dans le plus fâcheux état :

La rue Brébion, d'une largeur de 2 mètres.

La grande rue de la Bretèque, à laquelle, après la Picauderie, faisait suite la sente de Bourdeni, et dans laquelle descendait le chemin de la Lande. Elle était reconnue encore en 1842 comme absolument défectueuse.

La petite rue de la Bretèque, qui alors allait de la rue Brébion jusqu'à la rivière et mettait en communication la Bretèque, la grande rue et la sente de Bourdeni, avec la place de Carville par la rue Brébion et la cavée de Sainte-Marguerite.

La grande rue de Saint-Léger, prolongée alors jusqu'à la petite rue de la Bretèque, avec laquelle on communiquait au moyen d'une planche. Elle fut, en 1829, sous prétexte de surveillance et de police, raccourcie et reliée à la route du Cantony, par l'ouverture d'une sente de même largeur en retour d'équerre. Longeant la rivière dont les talus non maçonnés se dégradaient, et sans aucune barrière ni protection, elle était une cause perpétuelle de dangers pour ce quartier populeux et actif.

La rue Framboeuf.

La rue du Cantony. Toutes deux fort peu habitées.

Le chemin des Trésoriers, descendant de la jonction des communes de Bonsecours et de Rouen à Darnétal, et qui sépare les territoires de Rouen et de Saint-Léger.

Le chemin de la Lande, montant de la grande Bretèque et de la cavée Sainte-Marguerite à la ferme de la Lande et au Mesnil, côte escarpée d'un passage à peu près impossible.

Les chemins du Val-Audin à Franqueville et du Val-Audin à la Lande.

Veut-on une idée de l'indifférence, de l'incurie de cette époque pour les voies de communication? Elle nous est fournie par le fait suivant très authentique, puisqu'il est consigné dans les archives de la commune.

En juin 1818, un sieur Dassonvillez, propriétaire de la commune, adressa à la mairie une plainte concernant l'état d'abandon où se trouvaient la route du Cantony et la rue de l'Eglise. Le conseil répondit purement et simplement que l'entretien de ces chemins, peu fréquentés d'ailleurs, regardait les seuls riverains, qui les avaient toujours entretenus et qui travaillaient en ce moment ou allaient se mettre à les réparer.

Non satisfait de cette réponse, le plaignant envoya à la préfecture une requête tendant au classement de ces routes parmi les chemins vicinaux entretenus aux frais des communes. M. le préfet renvoya cette requête au conseil municipal, appuyée par le rapport du commissaire surveillant de la petite voirie du canton. Le conseil maintint sa manière de voir et la motiva.

« Ces deux voiries, dit-il, n'ont jamais été mises, avant la Révolution, au nombre des chemins royaux, ni des chemins de traverse ; on ne voit pas qu'il soit survenu de changements assez notables pour exiger de la commune les frais d'élargissement et d'entretien.

« Pour la rue du Cantony qui accède à la grande route de Gournay par la rue de la Ferme, comme dans la partie comprise entre la rue Framboeuf et le prolongement de la grande rue de Saint-Léger, il n'y a que quelques chaumières qui ne sont pas susceptibles d'augmentation ; qu'au delà de la rue de Saint-Léger, elle se prolonge en suivant les sinuosités et inégalités d'une côte très rapide et ne sert annuellement qu'à voiturer les produits de la côte, qu'elle n'est parcourue par aucunes autres voitures, si ce n'est accidentellement, et seulement tous les dix-huit ans, par celles employées à la vente de la forêt où il se termine, il n'est que juste d'en laisser l'entretien aux riverains.

« Ce chemin, il est vrai, est nécessaire au public, puisqu'il conduit les habitants à l'église; mais comme tel, puisque les habitants n'y accèdent qu'à pied, il suffit de l'entretenir comme sente à pied, il n'est pas nécessaire de le conserver à charroi.

« Quant à la petite rue de Saint-Léger, à laquelle le sieur Dassonvillez juge à propos de donner le nom de rue de l'Eglise, son unique but est de procurer l'entrée et la sortie aux habitations peu nombreuses qui y sont situées et à l'église. Il serait ridicule de dire que toutes les rues sont vicinales par cela seul qu'elles sont publiques et accèdent médiatement ou immédiatement aux grands chemins.

« Il y a donc lieu de considérer le rapport du surveillant de la petite voirie comme erroné et de ne pas changer la nature de ces chemins justement ruraux. »

M. le préfet ne fut pas convaincu, et, ayant transmis ses observations, appela une nouvelle délibération, mais sans plus de résultat.

Le conseil renouvela en 1819 ses mêmes considérants. Pour la petite rue de Saint-Léger qu'il reconnaît d'une nécessité indispensable, il convint même qu'elle était réellement et continuellement impraticable ; mais à qui la faute ?

« La création de l'usine de M. Poullet (aujourd'hui M. Valentin) a nécessité le détournement de la rivière dont le lit était la fausse rivière actuelle. Le canal qui lui a été donné est fort élevé, trop étroit, supporté par des digues qui s'écroulent à chaque instant, surtout à l'endroit où les voitures le traversent. C'est donc aux propriétaires de l'usine à réparer les dégâts occasionnés par la trop grande élévation de leur déversoir et non point à la commune à supporter les frais de talus et d'élargissement de la rivière. Quant au reste du chemin, les habitants du hameau et la fabrique de l'église en ce qui la concerne, puisque c'est par cette rue que sont voiturés les matériaux nécessaires aux réparations de l'église, pourvoiront à l'entretien de ce chemin (1). »

Si l'on se souciait si peu de l'entretien des chemins, combien moins encore songeait-on à les améliorer pour faciliter la circulation ! Non seulement on ne connaissait pas les ponts en pierre dans la commune, mais il n'existait aucun pont, si l'on excepte celui de Saint-Lô et un autre auprès de la fabrique des Grecs pour traverser la rivière, ni dans le chemin du Château, ni dans

(1) Dans sa pétition, M. Dassonvillez s'était plaint que M. Poullet avait usurpé « la place communale de Saint-Léger ». Le conseil déclara que cette langue de terre n'était point un terrain communal, mais la propriété de M. Poullet.

la rue de l'Eglise, ni dans la rue de Saint-Léger. Les piétons passaient sur une planche placée en travers de la rivière. Les chevaux et les voitures passaient à gué, descendant dans le lit de la rivière et remontant. Non seulement les difficultés étaient grandes, mais les accidents fréquents. On se souvient encore d'un affreux accident arrivé à un charretier dans la rue de l'Eglise lorsque la circulation fut interdite par les travaux faits sur l'ancienne route de Lyons. Par suite d'une secousse imprimée à sa voiture au passage du gué, l'acide sulfurique dont elle était chargée fut projeté sur le cheval, qui périt atrocement brûlé.

Nous avons dit qu'il existait un pont au passage de Saint-Lô. Il avait été jeté par les moines, près de leur moulin, au commencement du XVIIIe siècle, pour faciliter les communications entre Saint-Léger et Rouen. Mais le temps use tout. Les moines de Saint-Lô, anéantis par la Révolution, n'étant plus là pour le réédifier, il tomba en ruines. Comme les administrations municipales s'en désintéressaient, des propriétaires de Saint-Léger, de Saint-Aubin, de Darnétal et de Rouen, en 1819, pétitionnèrent auprès du préfet, pour être autorisés à le reconstruire à frais communs. Les conseils municipaux des communes de Saint-Léger et de Darnétal, sur les limites desquelles il devait être construit, se contentèrent de donner leur adhésion et de s'engager seulement à pourvoir par moitié à son entretien et à sa réparation. Le pont fut réédifié en bois sur sommiers comme précédemment.

Si maintenant l'on tient compte des inondations fréquentes de la rivière, de l'absence de tous caniveaux sur les chemins pour l'écoulement des eaux, on comprendra comment la circulation, lors des grosses eaux, était souvent interrompue, non seulement aux abords de la rivière, mais même au delà, et notamment dans le bas de la grande rue de la Bretèque.

C'est seulement en 1828, sous l'administration de M. Fortier, que le conseil commença à se préoccuper sérieusement de la détérioration complète des chemins, à recourir au rôle des prestations et aux impôts extraordinaires pour le terrassement et l'empierrement des chemins dans l'intérêt général. Chaque année, depuis lors, une allocation propre fut votée et répartie sur chacun d'eux; et, en 1830, il fut procédé à un classement des chemins. Mais la plus grande partie des ressources était absorbée par la route de Lyons, pour la réparation de laquelle il était en outre fait appel aux industriels de Saint-Aubin, à qui elle était d'une nécessité absolue et journalière.

A partir de 1842, les habitants de Saint-Aubin furent taxés administrativement par l'agent-voyer au tiers de la dépense d'entretien de ce chemin pour chaque année.

Rivière d'Aubette.

La rivière d'Aubette est et était surtout alors la fortune de Saint-Léger.

Nous ne pouvons pas dire qu'elle ait été aussi négligée que la vicinalité. Par arrêtés des 16 germinal et 6 fructidor an XII, on s'était préoccupé de sa canalisation; un alignement avait été donné, et sa largeur fixée réglementairement à 4 mètres 45 et à 4 mètres 60. Sur beaucoup de points elle avait été élargie.

M. Anty, maire, avait procédé à cet élargissement, particulièrement dans la grande rue. Et, en 1813, on reconnaissait déjà que, grâce à l'application de cette mesure, les inondations avaient diminué, et beaucoup de propriétés avaient été affranchies de leurs désastres.

Il existait un fonctionnaire présenté à la nomination du préfet par la commune, pour représenter les intérêts généraux, sous le titre de garde des rivières et écluses. Cependant, les règlements étaient encore incomplets. Des propriétaires étaient signalés, en 1813, comme se refusant à l'élargissement dans des endroits où elle ne mesurait guère que 2 mètres de largeur, et construisant sur la rivière, sans faire dresser procès-verbal d'alignement.

Un arrêté du préfet, en 1807, avait soumis l'irrigation des prairies à un règlement précis. Chaque riverain n'était plus libre de détourner l'eau à son gré pour baigner ses prairies, au détriment de ceux qui usaient de la force hydraulique. Il fut permis de détourner l'eau du canal seulement le dimanche, de six heures du matin à six heures du soir; mais les propriétaires de la commune de Saint-Aubin, profitant de l'arrêté, prenaient les eaux le dimanche à six heures du matin, et les retenaient jusqu'au soir à six heures, de sorte que les habitants de Saint-Léger ne pouvaient plus profiter aussi du bienfait de l'irrigation. Ils pétitionnèrent pour en jouir en proportion de l'étendue de leur prairie, qui, étant double de celle de Saint-Aubin, leur donnait droit à l'irrigation pendant huit heures contre quatre à Saint-Aubin, et demandèrent l'eau de dix heures du matin jusqu'au soir.

Enfin, les cureurs étant payés à la journée par les propriétaires, il en résultait des discussions perpétuelles entre eux et les propriétaires riverains, qui trouvaient leurs prétentions excessives et le curage très dispendieux, et l'on demandait la mise en adjudication du curage dans la commune entière, comme à Rouen, sauf à reporter les frais, d'après la part contributive de chaque propriété basée en raison de son étendue linéaire sur la rive.

Nous ne saurions dire quelle suite fut donnée aux *desiderata* du conseil. Un arrêté réglementaire fut certainement rendu par le préfet en 1820; mais nous avons tout lieu de croire qu'il ne fut pas mis à exécution, du moins quant à sa teneur au sujet du curage, pendant de longues années; car, en 1842, le conseil municipal constatait que, jusqu'alors, il n'avait jamais été fait régulièrement.

Mairie ou maison commune.

La commune, pendant longtemps, n'a point possédé de maison communale. La mairie était dans la maison du maire. Là, s'accomplissaient les actes officiels, les enquêtes, etc. Et quand un maire quittait ses fonctions, il remettait les archives à son successeur, qui en dressait l'inventaire. C'est dans ces déménagements que des pièces importantes ont dû être perdues, et qui nous ont grandement manqué dans nos recherches. En 1839 seulement, on paraît s'être préoccupé d'un local à usage de mairie, lorsqu'on dut aviser à se procurer une école pour les garçons.

—

Instruction. — Écoles.

L'instruction des enfants, à cette époque, ne paraît pas avoir tenu une grande place dans le souci des parents ni des administrations locales.

Il est vrai que, depuis le commencement du siècle, il y a toujours eu un instituteur tenant les écoles dans la commune. D'abord cette école, où étaient reçus les garçons et les filles, se tenait dans la maison de M. Dassonvillez (plus tard le presbytère).

Nous lisons dans les registres que, le 9 août 1819, le maire et l'adjoint, conformément à l'ordonnance du roi de 1816, visitèrent l'école primaire, tenue par le sieur Cucu.

L'instituteur recevait-il quelque chose de la commune, ou plutôt devait-il se procurer ses moyens d'existence et son logement avec les seules rétributions de ses élèves? C'est cette dernière opinion qui nous paraît la plus vraisemblable.

Le 16 décembre de la même année, sans doute sur enquête de la préfecture, le maire faisait savoir que le nombre des enfants susceptibles d'aller aux écoles primaires était de 75, mais que le nombre de ceux qui les fréquentaient était seulement de 38, dont 20 garçons et 18 filles : 37, dit le mémoire, recevant l'instruction d'un maître ambulant. Nous ne savons ce qu'il faut entendre par cette expression « maître ambulant ». S'agit-il d'habitants de la commune qui, comme il arrivait souvent alors à la campagne, prenaient le soir chez eux des enfants à qui ils donnaient quelques notions d'écriture et de calcul, ou bien d'un instituteur de Darnétal qui recevait à son école, dans la rue Saint-Pierre, des enfants de Saint-Léger ?

Mais ce qui ressort de tout cela, c'est que l'instruction était absolument négligée. Cependant, un premier pas dans la voie du progrès fut essayé. Les filles furent séparées des garçons. Une religieuse vint ouvrir une école dans la Bretèque, près de la sente Rasse; l'instituteur s'établit dans une petite maison basse entre la rivière et le chemin, à l'angle de la prairie de M. Lavoisier. La commune même fit quelques sacrifices; car nous lisons dans le procès-verbal d'une réunion du conseil municipal et des plus imposés, à la date du 7 juillet 1827, qu'une augmentation de 80 fr. fut votée pour le logement des instituteurs, ce qui portera le crédit à 240 fr. Pareille somme de 240 fr. fut dès lors votée chaque année régulièrement.

Mais il faut croire que la préfecture voyait avec peine l'état d'abandon où se trouvait l'instruction dans la commune de Saint-Léger; car, le 11 mars 1834 (1), M. le préfet informa le maire qu'il avait réuni d'office la commune de Saint-Léger à celle de Saint-Aubin en ce qui concernait l'instruction primaire, et invita le conseil à voter les dépenses nécessitées par l'établissement d'une seule école primaire qui devrait servir pour les deux communes. Avec juste raison, le conseil se refusa à accepter une semblable création, qui, pratiquement, l'école étant placée à Saint-Aubin, ne pouvait présenter que des difficultés sans aucune compensation pour la commune de Saint-Léger.

Mais, dans cette délibération, nous voyons défiler des considérants si étranges pour nos idées contemporaines, où l'instruction est si justement honorée et recherchée, que nous croyons devoir la transcrire intégralement comme un témoin de l'époque :

« Le conseil,

« Considérant que la commune de Saint-Léger est séparée de Saint-Aubin d'une lieue, et que,

(1) L'année précédente, avait été promulguée une loi qui mettait en demeure les communes d'entretenir une école publique.

les chemins étant impraticables, l'accès de l'école deviendrait impossible;

« Considérant que, la commune étant placée au centre des établissements industriels, les enfants, dès l'âge de six ans, y trouvent de l'occupation; les parents, la plupart dans l'indigence, ne peuvent les envoyer à l'instruction, et souvent se trouvent forcés de les faire travailler, afin de pouvoir leur procurer les premiers secours d'existence;

« Considérant, enfin, qu'à différentes époques, la commune a voulu encourager l'établissement d'un instituteur; qu'elle ne pouvait se procurer un nombre suffisant d'élèves; et que les indemnités accordées suffisaient à peine pour son logement, attendu que les maisons sont très rares pour pouvoir servir à ces sortes d'établissements,

« Délibère à l'unanimité qu'il n'est pas convenable de faire contribuer une commune à l'entretien d'une école dans laquelle ne pourraient parvenir qu'avec peine des enfants, en très petit nombre, de l'âge de six à sept ans, les seuls inoccupés, et qui fréquentent journellement les petites écoles établies dans la commune, pendant que leurs parents se livrent à leurs travaux. »

Cependant, la loi du 28 juin 1833 et l'ordonnance du 16 juillet suivant étaient formelles, quant à l'entretien d'une école primaire par la commune et aux dépenses y relatives; et le conseil municipal ne pouvait s'y soustraire indéfiniment.

Le 9 juillet 1835, reconnaissant qu'il convenait mieux d'avoir une école sur les lieux, puisque des enfants de sept à huit ans ne peuvent se rendre tous les jours, dans une commune voisine, sans être exposés à des dangers inévitables, il décida l'ouverture d'une école publique dans la commune, à partir du 1er janvier 1836.

Comme il n'existait pas en ce moment, dans la commune, un local propre à remplir le but qu'on se proposait, le maire fut chargé de se pourvoir d'un logement convenable avant la fin de l'année, et une petite somme fut votée pour l'achat du mobilier scolaire indispensable.

Enfin, le 15 septembre, le conseil fixa le traitement de l'instituteur à la somme de 400 fr. par an, la rétribution mensuelle à 1 fr. 50 pour les élèves en état de payer, et l'allocation annuelle pour l'école à 150 fr. Il fut décidé même qu'on passerait bail avec M. Hodan pour une maison dans la rue de la Bretèque, et qui convenait parfaitement pour usage d'école, dit la délibération. Cependant il ne semble pas que cette dernière résolution ait été mise immédiatement à exécution; car, en août 1839, le conseil dut avouer que le local actuellement occupé par l'instituteur « ne convenait nullement à une école, ni à une mairie, qu'il était insuffisant, incommode et insalubre, » et il n'est personne de ceux qui ont vu détruire, il y a quelques années, pour faire place à l'école de Mlle Pimont, cette petite maison basse, délabrée, au bord de la rivière, qui ne partage pleinement cet avis. Il fut enfin passé bail alors avec M. Hodan pour une durée de six années, moyennant 250 fr. par an, d'une maison à lui appartenant, avec cour et jardin, dans la grande rue de la Bretèque (établissement actuel de M. Blondel).

Il faut croire que la commune, même avec ce local plus convenable, craignait encore de n'être pas reconnue suffisamment en règle avec la loi, puisque, dans le bail, elle fait insérer cette réserve, que M. Hodan ne pourra la forcer à garder ladite location, ni en exiger le prix, dans le cas où la commune serait forcée d'acquérir un local avant l'expiration du bail.

La conclusion que l'on peut tirer de tout cela,

c'est que, soit par les représentants de la commune, soit par les habitants, l'instruction n'était ni appréciée, ni encouragée; et ce qui prouve combien la position de l'instituteur était précaire et peu agréable, par suite des incommodités matérielles de son local et par le défaut de concours des élèves, c'est que les instituteurs désertaient vite leur poste.

Le premier en 1836, M. Boitelle, greffier de la mairie de la commune depuis longtemps, déclara, après six mois, se retirer. M. Mondeville, élève breveté de l'Ecole normale de Rouen, qui lui succéda, écrivit, après deux ans, qu'il ne voulait plus continuer ses fonctions. M. Stalin, ex-instituteur de Belbeuf, qui fut présenté à sa place en 1838, démissionna en 1842, et fut remplacé par M. Bayle, élève sortant de l'Ecole normale, lequel se retira après deux ans d'exercice. Evidemment, ils trouvaient ailleurs des conditions d'existence plus attrayantes et plus avantageuses.

Le conseil municipal reconnaît lui-même, en 1842, que le nombre des élèves de cette commune ne dépasse jamais 60, les deux écoles réunies, et qu'il serait désirable que les instituteurs et institutrices pussent vivre.

Quant à l'école des filles, elle conservait la même religieuse; mais, vers 1830, le local fut changé. Elle fut installée dans le haut de la rue de la Bretèque, dans la maison située en face de la mairie actuelle, au bord du pré de la filature de M. Lavoisier. En 1842, il fut décidé que la maison de la religieuse et l'école des filles seraient transportées dans le haut de Saint-Léger. Le local choisi fut la quatrième des cinq maisons d'ouvriers sur la droite en descendant la rue de l'Eglise, et il était alloué pour la religieuse la somme de 300 fr : 200 fr. pour traitement et 100 fr. pour logement.

Cependant l'équité nous force à le reconnaître. Ce serait juger trop défavorablement de la commune au point de vue de l'instruction, en s'en tenant absolument à ces tristes tableaux officiels. Alors, et pendant de longues années encore, un nombre considérable de garçons de la commune fréquentaient les écoles de Darnétal, et surtout celle des Frères, lorsqu'elle fut ouverte.

—

Église.

Les habitants de la commune avaient-ils eu en 1809 une trop bonne opinion de leur église, lorsqu'ils vantaient sa solidité ; ou bien, trop confiants dans cette bonne opinion, avaient-ils supposé qu'elle pouvait se dispenser de tout entretien ? La vérité est que vingt ans après on se trouva en face non seulement de réparations d'entretien urgentes, mais de menaces d'effondrement. La toiture en tuiles était délabrée, certains sommiers qui reliaient les murs et soutenaient le toit commençaient à céder, la façade et la muraille du côté du midi se lézardaient. Bref, en 1830, de l'aveu des habitants, elle avait peine à se tenir debout et n'avait que l'aspect d'un monument tombant en ruines; la préfecture, avisée, en ordonna la visite. En 1832, un arrêté du maire enjoignit au conseil de fabrique de démolir sous trois jours le pignon de l'église et de le reconstruire à ses frais. La fabrique n'avait aucune des ressources nécessaires pour supporter une semblable dépense et dut, en vertu de la loi, s'adresser au budget municipal. L'église fut étayée avec de forts étançons sur la façade et sur le mur latéral. Et cet état provisoire demeura jusqu'au commencement de 1836.

La commune n'était pas alors dans une situation financière meilleure que la fabrique; elle venait déjà de payer la refonte de la cloche cassée depuis quelques années et qui aurait été hors d'état de se faire entendre en cas d'incendie. Le maire, pour former un premier appoint, fit une souscription dans la commune, secondé par M. l'abbé Godefroy (1), curé. Enfin, le 10 mai 1836, le conseil municipal adopta un devis de M. Delarue, architecte à Rouen, montant à la somme de 14,979 fr., pour la restauration et réparation de l'église, menaçant de s'écrouler à chaque instant, dit la délibération, et d'ensevelir une partie des habitants sous ses ruines. L'adjudication eut lieu immédiatement.

Nous avons vu précédemment comment, à l'occasion du règlement de ce travail, un conflit s'éleva dans le corps municipal, lorsqu'il s'agit pour la commune de parfaire la somme de 8,000 fr. qui restait due après le versement et l'emploi de toutes les souscriptions volontaires.

Mais si cette restauration apportait à l'église

---

(1) Qui plus tard bâtit l'église de Bonsecours.

une consolidation, aux habitants une sécurité, elle fut déplorable au point de vue de l'art et se fit aux dépens de la beauté naturelle de l'édifice, qui fut défiguré totalement. On était alors à cette période de notre siècle où le goût architectural était perdu, où dominait principalement l'horreur du gothique, où l'on bâtissait Saint-Paul de Rouen comme une œuvre de goût remarquable. Et c'est le style de ce dernier monument qui fut choisi comme type pour la restauration de l'église de Saint-Léger.

Partout où l'on porta la main, les ornements gothiques furent détruits. En particulier, la belle porte, avec sa riche arcature, disparut pour faire place à la baie nue et cintrée que nous voyons aujourd'hui. Les meneaux des fenêtres étaient détériorés. On en profita pour tout abattre, au lieu de consolider ; les belles verrières peintes de la fin du XVIe siècle qui faisaient une des richesses de l'église et qui peut-être rappelaient, comme il y en a beaucoup d'exemples, quelque fait d'histoire ou tradition locale, furent brisées. Le musée de Rouen, qui fut avisé de ce vandalisme, arriva à temps pour en sauver cependant quelques débris, qui lui furent cédés volontiers pour la modique somme de 250 fr.

Celui qui visite le musée de Sainte-Marie à Rouen peut voir, à l'extrémité de la galerie Cochet, une fenêtre fermée par des verres peints représentant une Assomption de la Vierge et portant la date de 1572, qui viennent de l'église de Saint-Léger et ne sont pas des moins remarquables du musée.

Si du moins on s'était borné à relever la façade, la charpente, les murs qui croulaient, en regrettant de ne pouvoir leur conserver leur ancienne beauté ! Mais non, on tenait à refaire l'édifice en entier dans un style nouveau. Toutes les fenêtres de l'église, non seulement dans les murs reconstruits à neuf, mais aussi autour du chœur et sur le côté nord de la nef, furent déformées ; leur ouverture ogivale fut changée en de larges baies cintrées sans style, et on se félicita d'inonder l'église de lumière, en les remplissant avec du verre blanc qu'encadre à peine une bordure en carreaux bleus.

Pour arriver à supprimer les sommiers à l'intérieur et remplacer la voûte ogivale en bois par une voûte semi-circulaire en plâtre, on suréleva les murs ; ce qui à l'extérieur donna lieu à cet affreux ravalement en plâtre qui jure si étrangement sur la corniche en plâtre. A l'intérieur, on appliqua sur les murailles des cordons, des pilastres et une corniche d'ordre grec, comme décoration. Le retable en bois sculpté, jugé trop petit, fut remplacé par un retable en plâtre et bois peint à grandes dimensions et vendu pour une autre église. Les bancs s'en allèrent à la Bouille. Mais ce qui peut-être fut le chef-d'œuvre de cette restauration et qui dut être rare en son genre, ce fut un plafond jeté horizontalement sur le chœur à la naissance des voûtes, appuyé sur les anciens sommiers transversaux.

Bref, réparation coûteuse, mal conçue, entreprise avec plus de zèle que de science, qui fut bien regrettée, et que M. l'abbé Godefroy, son auteur principal, lorsqu'on le félicitait plus tard du chef-d'œuvre qu'il avait donné à Bonsecours, rappelait quelquefois, a-t-on dit, avec tristesse comme un témoin des erreurs de sa jeunesse. La commission des antiquités s'émut de ces réparations qui altéraient le caractère de l'église de Saint-Léger. Elle consigna sa protestation dans son bulletin et la décision prise de s'adresser à l'archevêque pour le prier d'inviter par une circulaire les desservants à respecter religieusement les sculptures, peintures, vitraux et autres objets d'antiquité. Et le bulletin ajoute cette petite note : « C'était beaucoup plus la faute du temps que celle de l'homme. »

Outre ces travaux, M. l'abbé Godefroy fit construire la sacristie, dont il paya de ses deniers en grande partie les frais. Il s'occupa aussi de l'amélioration du cimetière, qui était fort négligé. Il fit ouvrir les allées et planter les tilleuls qui donnent à ce cimetière cet aspect pittoresque qui lui est particulier.

Presbytère.

Comme tout le reste, mairie, écoles, un presbytère manquait à la commune. L'ancien presbytère avait été aliéné sous la Révolution. Comme pour l'instituteur, on était sans cesse en quête d'un logement pour le desservant. Il fut d'abord placé dans la rue de l'Eglise, dans les petites maisons basses, derniers types des habitations du vieux Saint-Léger, attenant au bureau de tabac. Il occupa ensuite une maison appartenant à Mme Hodan. En 1827, la commune loua pour lui la propriété de M. Dassonvillez, que l'on appelle encore aujourd'hui dans le pays l'ancien presbytère. Mais en 1842, le propriétaire donna congé à la commune, et le desservant, M. Héliot, ne trouvant pas de logement disponible dans la commune, dut aller prendre domicile dans la rue de la Ferme, sur Darnétal.

—

Vue d'ensemble, situation générale.

Telle était la situation de la commune, il y a un demi-siècle. Vicinalité presque nulle, et néanmoins fort onéreuse, à cause de l'abandon où elle avait été laissée. De bâtiments communaux, aucun. Situation budgétaire obérée par la réparation des chemins toujours à recommencer, les dépenses très lourdes de la garde nationale, le déficit résultant des travaux de l'église, les frais du procès contre Bonsecours, et impôts extraordinaires des plus lourds pour l'époque. Enfin perte de ses pâtures communes, qui avaient été toujours d'une très grande ressource pour les habitants, mais surtout pour procurer le caillou nécessaire à l'empierrement et à l'entretien des chemins.

Heureusement pour elle alors, l'industrie prenait une croissante activité. De nombreux moulins de la rivière s'étaient transformés en filatures de coton, qui utilisaient les chutes d'eau; treize machines hydrauliques fonctionnaient déjà en 1819. M. Pimont avait fondé ses grands établissements pour indiennes et blanchiment de toiles. L'ancienne curanderie de la ferme de la Picauderie, transformée en blanchisserie de cotons filés, prenait avec M. Boulanger un accroissement chaque année plus considérable. Les pompes à feu faisaient leur entrée, venant au secours de la rivière, dans l'établissement de M. Hébert d'abord et bientôt dans les autres usines. Le travail abondait, et on allait voir des temps où les ouvriers de nuit allaient relever les ouvriers du jour. On comptait alors dans le pays, outre cinq moulins, huit filatures de coton, deux fabriques d'indiennes, sept teintures en rouge des Indes, deux blanchisseries, l'une pour les toiles, l'autre pour les filés.

CHAPITRE V.

—

Saint-Léger aujourd'hui.

Naturellement, les transformations n'ont pas été l'œuvre d'un jour. Elles sont dues à la persévérance des efforts, à la faveur des circonstances, aux progrès réalisés par la sollicitude et par une conception plus éclairée des pouvoirs publics pour l'intérêt général. Chaque année a apporté sa part aux améliorations, comme nous l'allons voir.

—

Vicinalité.

Si l'état de quelques-unes de nos rues n'atteste pas encore qu'il ne nous reste plus rien à désirer, nous devons reconnaître que l'ensemble de notre vicinalité est satisfaisant, et que la circulation dans les diverses parties de la commune est en général commode et agréable. Des sommes considérables étaient dépensées chaque année, qui palliaient le mal d'un moment, sans rien améliorer, et épuisaient la meilleure partie des revenus de la commune. On allouait à des entrepreneurs les réparations à mesure qu'elles s'imposaient, réparations qui consistaient le plus souvent à renverser des cailloux dans les parties défoncées. C'est en 1842 seulement que l'on comprit qu'un cantonnier à l'année sur les chemins de la commune assurerait mieux et plus économiquement l'entretien des chemins. Mais, vu la pénurie des finances communales, et malgré les observations du préfet, le cantonnier choisi fut le garde champêtre, qui, cumulant les deux fonctions communales, était moins onéreux pour le budget.

Le premier chemin qui eut les avantages

d'une amélioration fut le chemin de la Lande. En 1832, le préfet ayant décidé la rectification de cette côte vraiment impraticable, pour mettre en communication Darnétal avec les plateaux au midi, la commune de Saint-Léger, comme propriétaire en grande partie de ce chemin, fut invitée à coopérer au projet. Le conseil municipal vota la rectification et l'empierrement de ce chemin depuis le bas de la côte jusqu'à la limite de Darnétal (cavée de Sainte-Marguerite). Un impôt extraordinaire ainsi qu'une souscription à domicile furent décidés, tant pour le travail que pour l'acquisition des terrains nécessaires à l'élargissement de la cavée. L'année suivante, il vota la rectification du même chemin de la Lande depuis le pont Saint-Lô jusqu'à la pièce de terre de M. Cuvelier, par conséquent de la grande rue de la Bretèque.

Cette route fut alors classée par le conseil général comme route départementale de Darnétal à Boos avec une largeur de six mètres, et un sacrifice important fut demandé à la commune pour son prolongement à travers la côte. Le conseil résista, faisant valoir non pas seulement sa situation financière, mais aussi les sacrifices qu'elle a déjà faits pour cette route et dont on ne paraît pas tenir compte, surtout quand le territoire communal vient d'être si considérablement diminué, dans le parcours de cette route, par la perte des communes pâtures. Cependant, en 1839, il commença à s'exécuter, et le 17 août 1844, il allouait encore une somme de 1,000 fr., qui, réunie à celle de 2,345 fr., produit d'une souscription, formait pour la commune un contingent respectable ; mais au moins la commune possédait désormais une communication excellente avec le Mesnil-Esnard et Franqueville, et plus tard avec Bonsecours.

Après le chemin de la Lande, c'est le chemin du Vert-Buisson, vers la limite de Saint-Aubin, qui occupa la municipalité. Les propriétaires et industriels de Saint-Aubin, qui avaient pris l'engagement de contribuer pour un tiers des frais d'entretien de ce chemin, avaient mis comme condition qu'il devrait être procédé à bref délai à son élargissement en plusieurs endroits où il s'en fallait de beaucoup qu'il atteignît sa largeur de classement, notamment au Val-Audin. En 1843, le conseil décida la réfection et l'élargissement du chemin à six mètres. On acheta les terrains nécessaires, et on allait se mettre à l'œuvre, quand survint la crise du travail dont nous avons parlé. Il fut entrepris alors sur une largeur de huit mètres. Mais on ne dépassa pas la rue de l'Eglise, et il ne fut pas achevé plus tard, parce que postérieurement il fut adopté un autre tracé pour la route de Lyons; et même, à la fin de 1855, le conseil décida que la largeur de huit mètres étant maintenant inutile, il serait rendu à sa largeur antérieure de six mètres, et que le surplus de deux mètres dans les endroits où il avait ses huit mètres serait rendu aux propriétaires.

C'est en 1854 que le conseil fut avisé du projet de nouvelle direction à donner à la route de Lyons. Naturellement, il applaudit à cette ligne n° 42 au centre de la commune, procurant une voie facile à toutes les usines de la localité, tandis que l'ancienne route en dehors du pays ne rendait pas de services à la commune. Toutefois, le conseil mettait cette condition que la route serait prolongée jusqu'à Rouen par les jardins, afin de rendre les communications plus faciles avec Rouen, en évitant les ennuis nécessaires des formalités à remplir aux octrois dans la traverse de Darnétal. Cette route de Lyons, spacieuse, gaie, sur un plan si uni, et grâce aux constructions élevées sur son parcours, devait modifier absolument l'aspect du pays, relier entre eux le haut et le bas de Saint-Léger et amener dans la commune, jusque-là absolument isolée, une circulation des plus actives par les débouchés qu'elle ouvrait vers Rouen aux plateaux et à la vallée d'Andelle. Personne ne regretta la sente des Grecs. Une partie de celle-ci fut concédée gracieusement à M. Dassonvillez, qui avait fait abandon à la commune de tout le terrain nécessaire pour l'établissement de la ligne 42 sur sa propriété. Une autre partie fut concédée à M. Alfred Lavoisier, à charge par lui de faire construire un pont sur l'Aubette, en face de l'entrée de sa ferme.

En 1856 fut construit le chemin des prairies qui relie la route du Cantony avec l'ancienne sente des Grecs, et pour lequel M. Pimont et M. Dassonvillez donnèrent le terrain.

Nous avons vu ce qu'était autrefois le chemin de l'Eglise, étroit, sans écoulement pour les eaux, avec des maisons sans alignement et deux passages à gué. On s'en occupa seulement en 1862; alors fut votée la construction de deux ponts biais en maçonnerie sur la rivière et la fausse rivière, évaluée à une dépense de 6,500 fr.; puis, à la fin de 1864, fut décidé l'élargissement du chemin. En 1868, les maisons Lepoittevin, près du pont de la rivière, furent reculées et reconstruites suivant l'alignement nouveau. Le travail fut complété par un aqueduc en 1873, en face de l'école des filles. Ces derniers travaux entraînèrent encore une dépense de 4,000 fr.

La route du Cantony, malgré certaines pentes rapides, et le chemin du Château, sont aujourd'hui des routes assez larges et empierrées pour donner aux voitures une circulation commode. Nous avons vu comment elles ont été refaites en 1848 et 1870. Or, sur la route du Château, en 1870, les voitures traversaient encore la rivière à gué. Un pont, il est vrai, avait été jeté sur la fausse rivière; mais il souffrait déjà d'avaries graves. On vota 1,500 fr. pour la réparation de ce pont et la construction d'un autre pont en maçonnerie sur la rivière. Les demoiselles de Belbeuf s'engagèrent pour un tiers de la dépense, et, pour garantir le bon état du chemin par un meilleur écoulement des eaux, un aqueduc fut établi en 1873.

Les autres chemins n'avaient pas été oubliés. La grande rue de la Bretèque avait été refaite; le pont Saint-Lô reconstruit en maçonnerie, des caniveaux établis en 1867; de même, la grande rue de Saint-Léger et la rue Framboeuf furent empierrées. Dans la grande rue de Saint-Léger, les talus furent peu à peu réédifiés ; mais, vu le peu de largeur de la rue, on dut se contenter de placer, en 1870, au lieu de rampes, de simples garde-corps, pour éviter les accidents. En 1869, fut construite la passerelle de la sente Rasse sur l'Aubette.

Les voies de communication dans la commune étant désormais assurées d'une manière durable et satisfaisante, on put songer à la sécurité et à la plus grande commodité des voyageurs. A la fin de 1875, on décida d'éclairer avec le gaz, pendant la première partie des nuits d'hiver, les principales rues de la commune : la grande rue, celle de la Bretèque, la route de Lyons et la rue de l'Eglise. On se contenta d'abord de seize becs, puis on en ajouta un pour la rue du Cantony. Le nombre des becs vient d'être doublé ces dernières années sur la route de Lyons; ce qui porte à vingt-trois le nombre des becs de gaz servant actuellement à l'éclairage de nos rues.

Enfin, dans la séance du 4 février 1885, la pose de plaques en fonte indicatrices du nom des rues a été décidée par le conseil.

Voici le tableau des divers chemins communaux, avec leur largeur, tels qu'ils ont été portés aux divers classements qui furent arrêtés en 1843, 1845 et 1866, d'après les rapports des agents-voyers :

	1843.	1845.	1866.
Rue du Cantony.	4m	5m	5m
Ancienne route de Lyons. . .	6m	6m	6m
Rue de l'Eglise.	3m	4m	5m
Sente des Grecs.	3m	4m	5m
Route de la Lande.	6m	6m	»
Rue Brébion.	5m	5m	6m
Petite rue de la Bretèque. . .	6m	6m	6m
Grande rue de la Bretèque. .	6m	5m	6m
Rue Framboeuf.	5m	5m	6m
Chemin des Prairies. . . .	»	»	5m
Sente Rasse.	2m	2m	»
Chemin des Trésoriers. . . .	4m	4m	»
Val-aux-Daims à Franqueville.	»	4m	»
Val-aux-Daims au Mesnil. . .	»	4m	»
Sente du Vert-Buisson à la Lande.	»	1m	»
Chapelle Sainte-Marguerite au faubourg Martainville à mi-côte par le Nid-de-Chien (n'existe plus).	»	2m	»

	1843.	1845.	1866.
Du four à chaux à la Table de Pierre.	»	1m	»
Du Val-Angrand à la Table de Pierre.	»	1m	»
Route du Château.	»	»	5m
De la rivière au moulin Dammanville.	»	»	5m

Par délibération du 21 février 1883, le conseil procéda à un nouveau classement, que nous ne croyons pas inutile de reproduire ici :

Chemin vicinal n° 1er, du pont Saint-Lô à la route départementale n° 8 (grande rue de la Bretèque). Il commence à la limite de Darnétal, au pont Saint-Lô, traverse la Bretèque, la route de Lyons n° 42 à 225 mètres de son point de départ, longe la mairie à l'ouest et se termine à la route de Darnétal à Boos. Il est limitrophe avec Darnétal sur une longueur de 28 mètres ; sa longueur est de 329 mètres et sa largeur de 6 mètres.

Chemin n° 2, du pont Saint-Lô à la Picauderie (grande rue), commence à la limite de Darnétal, longe à droite la rivière d'Aubette, puis rejoint la rue du Cantony. Il est mitoyen avec Darnétal sur 35 mètres. Sa longueur est de 322 mètres et sa largeur de 6 mètres.

Chemin n° 3, de l'église au Vert-Buisson (rue de l'Eglise), anciennement petite rue de Saint-Léger, commence au chemin vicinal n° 4 du Cantony, près l'église, traverse le village, passe la rivière et la fausse rivière sur deux ponts en maçonnerie, la route de Lyons à 267 mètres de sa naissance, et se termine au chemin vicinal n° 5; il a une longueur de 425 mètres sur une largeur de 6 mètres.

Chemin n° 4, de la rue de la Ferme à l'église (rue du Cantony), commence à la limite de Darnétal, près des sources du Roule, au chemin vicinal ordinaire n° 6, longe la Picauderie, la côte, le cimetière, l'église, et se termine au chemin vicinal n° 9. Sa longueur est de 1,531 mètres et sa largeur de 5 mètres.

Chemin n° 5, de la route départementale n° 8 à Saint-Aubin (rue du Vert-Buisson), commence à la route de Boos, traverse le hameau du Vert-Buisson, suit l'ancienne route de Lyons par le Val-Audin et se termine à la limite de Saint-Aubin, au pied de la rampe d'accès du chemin de grande communication n° 7 (côte de Franqueville). Il a une longueur de 1,808 mètres, et sa largeur est de 6 mètres.

Chemin n° 6, de la Bretèque à la rue de la

Ferme (rue Framboeuf), commence au chemin vicinal n° 4, près des sources du Roule. Il est mitoyen sur toute sa longueur avec Darnétal. Il a 136 mètres de longueur et est classé à 6 mètres de largeur.

Chemin n° 7, de la rue Sainte-Marguerite à la rue de la Bretèque (rue Brébion). Il est mitoyen avec Darnétal dans tout son parcours. Sa longueur est de 164 mètres et sa largeur de 6 mètres.

Chemin n° 9 (rue du Château), formé de deux parties. La première partie commence à la rue de l'Eglise, longe en contre-bas le chemin n° 42 et se termine aux teintures du haut de Saint-Léger; la deuxième partie commence au chemin n° 42, longe le château, passe la rivière sur un pont en maçonnerie et se termine au chemin vicinal n° 4. Sa longueur est de 507 mètres et sa largeur de 5 mètres.

Chemin n° 10, de la côte à l'établissement des Grecs, dit chemin des Prairies, commence au chemin n° 4, traverse les prairies et le chemin n° 42, à 204 mètres de son point de départ, passe sur un pont en maçonnerie la rivière d'Aubette, qu'il longe jusqu'à l'établissement des Grecs, où il se termine. Il a une longueur de 352 mètres et une largeur de 5 mètres.

Enfin, le chemin n° 11, de la Picauderie au moulin, commence au chemin n° 42, près l'établissement Pimont, longe l'Aubette au sud et se termine au moulin. Ce chemin a une longueur de 211 mètres sur une largeur de 5 mètres.

A l'heure présente, un chemin de fer à voie étroite entre Rouen et la vallée d'Andelle, dans la traverse de notre vallée, avec gare à Saint-Léger, a été mis à l'étude et décidé en principe par le conseil général. Ce chemin de fer n'est pas pour la commune sans inconvénients, lesquels ont été signalés par le conseil municipal; mais l'intérêt particulier doit céder devant l'intérêt général.

—

Rivière d'Aubette.

Elle n'est plus la rivière limpide, poissonneuse, des anciens temps, où l'on voyait glisser truites, carpes, tanches et autres poissons. L'industrie s'en est emparée. Chargée, depuis sa source à Saint-Aubin, d'acides, de composés chimiques, de colorants, elle ne saurait donner place à la vie animale. Elle n'a plus à emporter à la Seine que les résidus divers dont on la charge sur son passage. Au moins, aujourd'hui, grâce aux règlements de l'autorité supérieure et à une surveillance active, l'industrie peut en obtenir tous les services qu'elle est en droit d'en attendre.

En 1842, personne n'était content de la manière dont était administré, dans la commune, l'entretien de la rivière, ni le conseil municipal, qui se plaignait que le curage ne s'était jamais fait régulièrement, ni le préfet, qui se plaignait qu'on n'eût pas observé dans la commune son arrêté de 1820, prescrivant d'établir un rôle pour les frais de curage et le traitement du garde-rivière. Le conseil décida que les frais seraient supportés, en partie par les propriétaires riverains de l'Aubette, en proportion de la contribution foncière imposée sur les propriétés baignées, et en partie par les industriels qui s'en servent, en raison de leurs contributions et patente; que le rôle spécial prescrit serait dressé, et le curage mis en adjudication. Cette adjudication fut mise sur le devis estimatif de 700 fr.

Aujourd'hui, aux termes du cahier des charges arrêté le 11 novembre 1885, il doit être fait chaque année un curage et deux avalants, à des époques déterminées, et l'entrepreneur ne peut excéder le délai de dix jours, chaque fois, pour son travail, dans les 2,800 mètres que compte la rivière dans le parcours de la commune. Pendant ces dix jours, les usiniers et propriétaires de barrages sont tenus de lever leurs vannes et de maintenir l'eau basse, sans prétendre à aucune indemnité pour ce chômage forcé, sauf le cas où l'entrepreneur n'aurait pas exécuté son travail dans le délai fixé.

La largeur de la rivière au fond et en cuvette est cotée à 4 mètres et sa profondeur à 0 m. 45. Les frais de curage et le traitement du garde-rivière, environ 1,050 fr. par chaque année, sont supportés par les cinquante et un propriétaires et locataires riverains, proportionnellement au principal des quatre contributions directes auxquelles ils sont imposés pour leurs immeubles riverains. Nul n'a le droit d'établir sur la rivière, talus, lavoirs, machines ou débouchés quelconques, sans une autorisation préfectorale, et seulement dans les conditions indiquées par cette autorisation.

—

Mairie.

C'est en 1850 seulement que la commune posséda sa mairie et que le conseil municipal, après s'être promené depuis un demi-siècle de maison en maison pour délibérer, trouva enfin une maison communale définitive et assurément non indigne de la commune. En 1846, la construction fut votée ; M. Boulanger, le maire, fit don à la commune d'une portion de terrain (environ 19 ares) dans le champ qui lui appartenait entre le prolongement de la rue de la Bretèque et la route de la Lande. M. Barre, architecte à Rouen, dressa un devis pour mairie et maison d'école s'élevant à 14,285 fr., et une imposition extraordinaire de 12,000 fr. fut votée; mais la construction ainsi que la perception de l'impôt durent être ajournées en raison de la crise commerciale qui survint.

On ne commença à bâtir la mairie qu'en 1849. En 1853, on fit construire un bâtiment pour les pompes, et le terrain fut entouré d'un barrage de sûreté. En 1861, la compagnie du gaz de Darnétal, en échange de l'autorisation que lui avait accordée la commune pour canaliser les chemins et distribuer le gaz aux habitants de Saint-Léger, donna l'alimentation gratuite d'un bec de gaz en face de la remise des pompes à incendie. Depuis quatre ans, dans les fêtes communales, une rampe de gaz illumine la façade de la mairie, et tout récemment deux candélabres viennent d'être posés à l'entrée de chaque côté de l'escalier, sur la route de Lyons.

—

Écoles. — Instruction primaire.

L'école des garçons put quitter la maison de M. Hodan, et l'instituteur trouver enfin une installation convenable, lorsque fut construit le groupe mairie-école; et grâce au secours du ministre de l'instruction publique, la nouvelle école fut fournie d'un mobilier et d'appareils de chauffage fort convenables.

L'école des filles était, nous l'avons dit, rue de l'Eglise, dans des conditions que tout le monde était unanime à déplorer. Au rez-de-chaussée un appartement pour la classe, au-dessus une chambre pour la religieuse ; accolé par derrière à la classe, un petit local servant de cuisine, et voilà tout. Mais que faire? On ne pouvait pourvoir à tout à la fois. On s'était occupé de la mairie et de l'école de garçons d'abord. Cette construction faite, il fallait la payer avant d'en entreprendre une autre. Un instant, en 1848, on fut, pour question d'économie, sur le point de ramener l'école de filles dans le bas de Saint-Léger, dans le local qui allait devenir vacant par suite du transfert de l'école de garçons. Le conseil, s'étant dit que le loyer du local abandonné allait rester à la charge de la commune en pure perte, décida de donner congé pour la maison de la rue de l'Eglise et de faire occuper par l'institutrice la classe de l'instituteur. Mais dans les entrefaites, la commune trouva un locataire sérieux pour le logement de la Bretèque, et la classe de filles resta rue de l'Eglise. Cependant, chaque année, l'inspecteur primaire faisait entendre des réclamations contre l'insuffisance du local de la classe et du logement de l'institutrice.

Enfin, en 1858, un terrain s'étant trouvé à vendre rue de l'Eglise, le maire en fit l'achat pour la somme de 1,500 fr.; et le conseil ayant ratifié l'acquisition au nom de la commune, la construction de l'école de filles fut décidée à la session de mai, sur les plans de M. Barre, architecte. La dépense fut d'environ 8,500 fr. (1). Successivement vinrent les accessoires nécessaires à une habitation, un puits en 1867, une buanderie en 1883.

Enfin, du moins, les maîtres et les élèves avaient des logements convenables, communaux, et, par conséquent, fixes. Restait à les pourvoir d'élèves. Le conseil gémissait de leur petit nombre, et il semble qu'il n'avait pas de grandes espérances du succès, puisqu'il avait fait bâtir la classe des garçons seulement en vue de quarante enfants.

On sait qu'à cette époque les instituteurs n'avaient pas de traitement fixe, que les frais d'instruction des enfants à l'école étaient à la charge des parents en état de payer la rétribution scolaire. Le traitement des instituteurs était formé d'une modeste subvention de la commune et du produit de la rétribution scolaire. Cette rétribution était fixée par le conseil muni-

(1) Pour la part de la commune et 2,500 fr. provenant de secours, soit en tout 11,000 fr.

cipal à 1 fr., 1 fr. 50 et 2 fr., selon l'âge et le degré d'avancement des élèves, et était acquittable chez le percepteur.

A côté des élèves payants, la commune accordait l'admission gratuite à un certain nombre d'enfants dont les parents étaient reconnus indigents. Pour faciliter le recrutement des écoles, le conseil augmenta successivement le nombre des admissions gratuites. De 12 qu'il était en 1842 pour les deux écoles, il fut élevé à 20 en 1844 (10 garçons et 10 filles).

On peut se faire une idée de l'état scolaire à cette époque par le fait suivant : en 1851, les communes furent astreintes à assurer à l'instituteur un traitement de 600 fr. L'instituteur fut donc invité à fournir l'état exact du rendement des rétributions, afin que le conseil votât le supplément nécessaire pour parfaire la somme de 600 fr. Or, la rétribution scolaire, déduction faite des non-valeurs, fut reconnue s'élever à la modique somme de 190 fr., ce qui, en prenant pour base la rétribution mensuelle minimum de 1 fr., donne 19 élèves payants pendant dix mois de l'année. Donc, en prenant ce chiffre, 19 élèves, lequel ne nous paraît pas loin de la vérité, car, s'il y avait des non-valeurs, il y avait aussi des élèves payant 1 fr. 50 et 2 fr.; et en y ajoutant les 10 élèves admis gratuitement, nous compterons à cette époque une trentaine d'élèves.

En 1852, le nombre des élèves à admettre gratuitement fut porté à 33 (16 garçons et 17 filles). Ce nombre fut un peu diminué pour les années qui suivirent : pour 1856, il était de 15 garçons et 15 filles, et il se maintint à peu près sans variation jusqu'en 1863. En raison du malaise commercial, il fut porté à 36 enfants pour 1864, et pour l'année 1866 à 50 enfants, 25 garçons et 25 filles. En 1868, l'admission gratuite fut accordée pour 28 garçons et 16 filles; en 1869, pour 31 garçons et 24 filles; et en 1871, vu la détresse générale, pour 36 garçons et 34 filles.

En ouvrant ainsi plus facilement les portes des classes aux élèves pauvres, celles-ci se remplirent; l'école de garçons, construite pour 40 enfants, fut reconnue insuffisante, et en 1873 une somme de 2,000 fr. fut votée pour la mettre en état de recevoir au moins 10 élèves de plus. Le conseil municipal continua à maintenir élevé le chiffre des admissions gratuites. En 1876, le bénéfice de la gratuité était accordé à 40 garçons et 24 filles. Puis vint la loi du 28 mars 1882, imposant l'obligation et la gratuité de l'enseignement.

Les écoles devinrent manifestement trop petites, et un seul maître ne suffisait plus pour chacune. En 1883, l'école des garçons comptait 75 élèves. Un poste d'instituteur-adjoint fut créé. Mais une difficulté sérieuse se présentait pour la construction de la deuxième classe, en raison du peu d'espace dont on pouvait disposer ; il fallut raser les murs de la classe existante. Et en reportant les murs de 2 mètres de chaque côté sur la largeur, on obtint ainsi deux classes bien aménagées pouvant contenir 78 élèves, et qui ont été pourvues d'un mobilier qui ne laisse rien à désirer.

Cette école de garçons possède en outre une bibliothèque populaire formée de plus de 200 volumes, composée en partie d'ouvrages de Jules Verne, de Mayne-Reid, de Walter Scott, etc., qui lui procurent un grand succès. Elle offre aussi un musée scolaire composé de 350 à 400 produits de toute sorte, où les enfants peuvent se procurer les notions élémentaires des substances les plus usuelles. Un vaste préau pour abriter les enfants avait été construit en 1880.

L'école de filles avait obtenu un accroissement d'élèves moins rapide que celle de garçons. D'ailleurs, construite plus tard, elle avait été faite pour recevoir 50 enfants. Le défaut d'emplacement devait donc s'y faire sentir moins vite. En 1876, elle fut laïcisée.

Enfin, en 1885, le nombre des élèves fut reconnu hors de proportion avec les dimensions de la classe et les forces d'une maîtresse pour une sérieuse instruction. Une seconde institutrice fut adjointe à l'institutrice titulaire pour l'année 1885-1886. Et comme on était dans l'impossibilité d'édifier immédiatement un local pour une seconde classe, l'institutrice se priva des chambres de son logement au premier pour y aménager une classe provisoire. La nouvelle classe ainsi qu'un préau couvert qui manquait à l'école furent construits pendant les vacances de 1888. Les dépenses de cette construction seront peu sensibles pour les contribuables, puisqu'elles seront couvertes par le faible impôt d'un centime additionnel pendant trente ans.

Le nombre des élèves dans l'année 1888 s'élevait à environ 70. La seconde classe, plus spécialement à usage de classe enfantine, recevra les enfants, garçons et filles, au-dessous de sept ans.

Cette école, comme celle des garçons, est pourvue d'un mobilier excellent, d'une bibliothèque populaire et d'un musée scolaire.

Ce n'était pas assez de procurer la fréquentation des écoles ; il fallait encourager les élèves à l'assiduité et à l'application, conditions indispensables des fruits de l'instruction. Pour la première fois en 1847, nous voyons figurer au budget communal une somme de 80 fr. pour prix et achat de livres. Depuis lors, des récompenses furent accordées aux élèves.

En 1874, M. Richard Waddington offrit spécialement un livret de 50 fr. à l'élève de chacune des deux écoles qui aurait le mieux répondu aux questions d'un examen spécial. Il continue depuis lors, chaque année, la même faveur aux écoles.

De son côté, M. Sasle-Déchamps, maire, veut bien offrir, chaque année, un certain nombre de livrets de 5 à 15 fr. aux élèves qui obtiennent le certificat d'études.

Un M. Denis offre également deux livrets de 10 fr. à chaque école. Aussi, après chaque année, grâce à une large subvention de la commune, grâce aux dons spontanément offerts par MM. les conseillers municipaux personnellement et par d'autres personnes s'intéressant aux progrès de l'instruction (nous citerons spécialement M. Benner, conseiller d'arrondissement), peut-il être fait une distribution solennelle de prix magnifiques aux enfants fréquentant les écoles.

En résumé, nous pouvons dire que l'instruction est aujourd'hui en honneur et en progrès dans la commune; que les parents comprennent combien elle est un outil précieux mis dans la main de leurs enfants; que ceux-ci, encouragés par tous les sacrifices faits en leur faveur, et soutenus pour le plus grand nombre par la ferme volonté des parents, se donnent tout entiers au travail de l'école. On nous permettra d'oser ajouter que le dévouement des maîtres est, sans réserve, acquis à leur tâche, et que les écoles de la commune peuvent figurer aux premiers rangs parmi les écoles rurales du département. Les succès qu'elles obtiennent aux examens du certificat d'études primaires en font foi, et nous espérons que l'avenir ne faillira pas aux promesses du présent.

Nous sommes heureux de pouvoir inscrire ici les noms des élèves de ces écoles qui ont obtenu ce diplôme de l'instruction primaire, en même temps que les noms des maîtres qui ont dirigé les écoles.

—

Liste des élèves ayant obtenu le certificat d'études.

GARÇONS.

1882. . .	BLOT (Ernest). MANTEL (Adolphe). RACHINEL (Ferdinand).
1883. . .	BRANLOT (Eugène). RACHINEL (Eugène).
1884. . .	RACHINEL (Louis).
1885. . .	ASSASSIN (Paul). PERMENTIER (Gaston). RATIÉVILLE (Alexandre).
1886. . .	BOULANGER (Alfred). FLEURY (Henri). FOURQUEMIN (Adolphe). STOFFEL (Henri).
1887. . .	BAILLEUL (Léon). CHICOT (Georges). DAUVERGNE (Albert). DELAPORTE (Frédéric). DAVID (Albert). LEROUX (Albert). MICAUX (Auguste). PREVOST (Henri).

1888. . .	Deshayes (Georges). Deshays (Emile). Labotte (Augustin). Patin (Raoul). Pellier (Alphonse). Rachinel (Albert).
1889. . .	Blot (Gustave). Fleury (Joseph). Herbet (Epiphane). Hirou (Emile). Jullien (Ferdinand). Langlois (Arcade). Pimort (Gaston).

FILLES.

1886. . .	Fleury (Alphonsine).
1887. . .	Dumont (Léonie). Roussignol (Jeanne).
1888. . .	Chicot (Marie). Dubuc (Adrienne). Garand (Alexandrine). Julien (Armandine).
1889. . .	Herbet (Adèle). Homo (Alice). Legendre (Vitaline). Soury (Hélène).

Liste des instituteurs et des institutrices qui se sont succédé dans la commune depuis 1835.

INSTITUTEURS TITULAIRES.

MM.

1835. . . . . Boitelle.
1837. . . . . Mondeville.
1838. . . . . Stalin.
1842. . . . . Bayle.
1844. . . . . Bertault.
1849. . . . . Aubourg.
1854. . . . . Dépardé.
1855. . . . . Renoult.
1861. . . . . Valle.
1872. . . . . Montier.
1877. . . . . Lenoir.
1880. . . . . Levasseur.
1883. . . . . Roussignol.

INSTITUTEURS ADJOINTS.

Février 1884. . Persille (Léon).
Octobre 1884. . Massy (Edmond).
Octobre 1885. . Martin (Hector).
Novembre 1885. Legris (Anatole).
Octobre 1886. . Boullotte (Joseph).

Décembre 1888. REINE (Bélisaire).
Janvier 1889. . GAILLON (Gustave).

INSTITUTRICES TITULAIRES.

1835. . . . . Mme Sœur MARIE-ATHANASE.
1876. . . . . Mlle LEGALLICIER.
1881. . . . . Mlle CAILLE.
1883. . . . . Mme LAURENT.
1884. . . . . Mlle RACHINEL (Elise).
1889. . . . . Mlle HOUDENT.

INSTITUTRICE ADJOINTE.

1886. . . . . Mlle RACHINEL (Marie).

—

École privée.

Il a été ouvert dans la commune, en 1884, par Mlle Pimont, dans sa propriété particulière sur la route de Lyons, une école maternelle privée recevant les enfants des deux sexes et tenue par des religieuses du Sacré-Cœur de la Salle de Vihiers (Maine-et-Loire). Cette école, dont l'aménagement est des plus confortables, reçoit un bon nombre d'enfants. En 1887, il y a été adjoint une école primaire pour les filles, tenue par une religieuse de la même congrégation, et qui est en exercice depuis le commencement de mars 1888.

—

Église.

L'église, depuis la restauration dont nous avons parlé, et qui lui assurait la solidité, a pu recevoir une série d'améliorations, d'embellissements qui, malgré ce qui reste à faire, en font une des plus gracieuses églises qu'on trouve en dehors des villes. Elle est d'ailleurs en tout temps soigneusement entretenue.

En 1855, elle s'enrichit d'un orgue à tuyaux, don de M. Boulanger, maire, à l'occasion de la première messe de son frère, ordonné prêtre. En 1861, la cloche, cassée depuis quelque temps, devant être refondue, on fut amené à envisager l'état de la tour qui, par son peu d'élévation, ne permettait pas de placer la cloche même à la hauteur du faîte de la nef, de sorte qu'elle était encaissée entre le toit et la côte, dans l'impossibilité d'être entendue de la plus grande partie de la commune. On résolut donc de surélever la tour de 5 mètres et de remplacer la petite toiture qui la couvrait par une charpente de 10 mètres. On put alors trouver dans les démolitions d'une ancienne église qu'on rasait à Rouen des pierres déjà appareillées, ce qui diminua la main-d'œuvre. Malheureusement, cette restauration, au lieu d'être faite dans le style gothique de la tour primitive, ou prévue au XVIe siècle, fut faite en rapport avec les travaux de 1838. La cloche fut refondue avec une augmentation de poids considérable pour augmenter la sonorité.

La dépense totale s'éleva à plus de 6,000 fr., et fut à la charge de la fabrique seule, qui y fit face en très grande partie par le produit de souscriptions et de quêtes. La cloche fut bénite par le vicaire général le 27 octobre 1861, et eut pour parrain et marraine M. Boulanger, maire, et Mme Héloïse Guerard, son épouse, qui, à cette occasion, firent don de l'horloge pour le clocher.

Enfin, en 1877, le plafond jeté sur le chœur quarante ans auparavant menaçant ruine, et personne n'étant d'avis de faire revivre cette singulière conception, le conseil municipal, d'accord avec la fabrique, le fit abattre, et vota la réfection de la voûte du chœur en briquettes de plâtre, dans le style de l'église primitive, avec arceaux gothiques croisés. Mais ce qui donna à ce travail toute sa valeur, ce fut, en 1879, la restitution à quatre des fenêtres du chœur de leur ancienne forme, avec leurs meneaux du XVIe siècle et les riches verrières qui y furent encadrées.

La reconstitution, fort dispendieuse, de trois de ces fenêtres, et les plus importantes, est l'œuvre généreuse de trois familles de la commune, dont on peut lire les noms au bas des verrières. La quatrième est due à une souscription parmi les habitants.

Quelques personnes, après ce travail, purent regretter l'enlèvement du retable de l'autel d'un effet, il est vrai, décoratif, mais rendu nécessaire par l'ouverture de l'ancienne fenêtre du chevet qui avait été condamnée pour lui faire place.

Des travaux ont été exécutés depuis dix ans sur d'autres points. Des boiseries en chêne, de style gothique, et un chemin de croix artistique en bas-reliefs de pierre, avec encadrements en bois, de même style, inaugurés le 1er mai 1887, ont donné à la nef un ornement du meilleur goût et du plus heureux effet.

Tous les murs de l'église viennent d'être repeints aux frais de la fabrique, en sorte que, actuellement, elle est dans le meilleur état, et méconnaissable à l'intérieur pour ceux qui l'ont connue il y a seulement vingt ans.

Toutefois, ceux qui l'ont vue à cette époque y chercheraient vainement aujourd'hui un tableau de grandes dimensions (2 m. 66 sur 4 m. 65) et de grand effet, le tableau du *Rachat des Captifs au Maroc* du peintre Léger. Le conservateur du musée de Rouen, en 1879, réclama la réintégration de ce tableau au musée, se fondant sur ce que l'église de Saint-Léger ne le possédait qu'à titre de prêt consenti par la ville de Rouen en 1821, et faisant valoir qu'il importait pour l'art que ce tableau, dans un état fâcheux de détérioration, ne restât pas plus longtemps dans cet état d'abandon. Le conseil de fabrique, ne pouvant méconnaître la détérioration du tableau, et, d'un autre côté, forcé d'avouer qu'il ne pouvait disposer des fonds considérables nécessaires pour remédier au mal, décida que, quoiqu'il n'ait à sa connaissance aucun titre autorisant les prétentions de propriété émises par la ville de

Rouen, pour assurer la conservation d'une œuvre d'art remarquable, la fabrique se dessaisirait de ce tableau en faveur du musée. Mais comme la disparition de ce tableau devait faire ressortir la pauvreté des murs de la nef déjà si dénudée, une pétition fut portée à M. le préfet, pour faire ressortir le préjudice causé à l'église par la cession de ce tableau au profit d'un établissement public et le prier d'intervenir pour obtenir des Ecoles de peintures de l'Etat une ou plusieurs toiles d'art religieux, en remplacement du tableau de Léger. Le ministre de l'intérieur et des cultes disposa à titre de don définitif, en faveur de l'église de Saint-Léger, de deux tableaux qui ont été encadrés au compte de la fabrique, et portent la mention : « Donné par l'Etat, 1879. »

La fabrique de l'église vient d'être mise en possession, par dispositions testamentaires de M. Prosper Boulanger, ancien maire, d'une rente perpétuelle de 100 fr. sur l'Etat français.

Sont membres de la fabrique : M. Marinier, président; MM. Lavoisier, Valentin, Thuillier et Ed. Gueroult.

—

Cimetière.

Le cimetière, au centre duquel est placée l'église, a subi aussi depuis cinquante ans plusieurs modifications. En 1852, pour se conformer aux prescriptions, non exécutées encore dans la commune, de la loi réglant qu'il y aurait dans chaque cimetière un lieu de sépulture distinct pour chaque culte spécial reconnu, une portion du cimetière, à l'est, fut séparée et enclose pour la sépulture des protestants.

Une loi plus récente a ordonné la destruction de ces clôtures, et la sépulture commune sans distinction de culte. Mais cette remarque nous a paru nécessaire pour expliquer la présence des piliers et de la barrière isolée qui se trouve sur le chemin au nord de l'église.

Nous avons vu comment, pendant la guerre, on entailla la côte derrière l'église, pour niveler le terrain en vue de l'agrandissement du cimetière. En 1874, ce terrain fut entouré de haies vives, et fermé à l'extrémité par un mur et une grille en fer, de sorte que le cimetière reçut un agrandissement considérable en longueur, et possède maintenant deux entrées.

Un chemin vient d'être tracé et encaissé dans ce nouveau cimetière aux frais de la commune.

Presbytère.

En 1842, le curé de Saint-Léger, M. Héliot, obligé de prendre logement sur Carville, et désireux de sortir de la position gênante où il se trouvait, fit offre à la commune d'une somme de 1,200 fr., à la condition qu'elle lui bâtît un presbytère. Mais il fallait d'abord un terrain. Les demoiselles de Belbeuf, sollicitées, consentirent à céder une portion de la pièce de terre qu'elles possédaient au pied de l'église, moyennant le prix de 1,500 fr.

Pour donner à ce terrain l'accès nécessaire sur la rue de l'Eglise, M. Dussaux céda sur sa propriété un passage pour le prix de 500 fr. Pour faire face à ces dépenses, ainsi qu'à celles de la construction de la maison, toutes les bonnes volontés se réunirent. Une souscription faite dans la commune produisit environ 3,000 fr.; le conseil municipal, en raison de la situation financière si malheureuse de la commune, était tenu à une grande réserve; il vota seulement une somme fixe de 3,000 fr.; et encore eut-il grand'peine à la fournir; car, n'ayant pu s'acquitter encore en 1849, il adressait au ministre une demande d'allocation sur les secours pour presbytères.

Mais, moyennant ces 6,000 fr., M. Héliot, désireux que la construction fût convenable, prit l'engagement, en place des 1,200 fr. promis par lui, de suppléer d'abord à la différence entre cette somme de 6,000 fr. et celle d'estimation des devis, et ensuite de faire, après la construction, toutes les choses nécessaires à l'établissement du susdit presbytère, telles que murs, plantations d'arbres. Et en effet, la maison construite, il a disposé, planté, entretenu le jardin d'une manière remarquable, et il trouva dans la jeunesse d'alors des auxiliaires dévoués et actifs pour ce travail.

Et en réalité, aujourd'hui, la commune possède un presbytère commode et agréable. Cependant, la construction n'a peut-être pas été également soignée en toutes ses parties et peut-être aura-t-elle vieilli de bonne heure.

Liste des curés de Saint-Léger.

MM.

1737. MARTIN, témoin synodal du doyenné de Perriers, qui fut désigné par l'archevêque pour bénir l'église de Bois-l'Evêque en 1761 et pour visiter l'église d'Epinay.

1764. MOUCHET, jusqu'en 1792.

1802. PRESTREL.

1809. MORIN.

1817. FABULET.

1825. Ch. LEFEBVRE.

1827. TOURMENTE.

1828. NIQUET.

1829. GODEFROY.

1838. HÉLIOT.

1861. LEBRET.

1865. DUPONT.

1875. DUCLOS.

1884. ROLIN.

Bureau de bienfaisance.

Nous avons vu comment, dans les crises de travail après 1830, en 1847, etc., la commune était venue largement en aide aux indigents. Mais il n'y eut de bureau de charité constitué et fonctionnant pour s'occuper spécialement des secours à distribuer aux nécessiteux, qu'en 1840. Jusque-là, nous ne trouvons trace de distributions officielles qu'en deux circonstances. La première en 1817, où, par les soins du maire, il fut distribué aux indigents en pain et en argent une somme de 592 fr., dont 240 fr. provenant d'un don du roi Louis XVIII pour les pauvres de la commune et 352 fr. provenant d'une souscription faite par les habitants. La seconde en 1834, où une dame Lévêque, ancienne cultivatrice de la commune, légua par testament une somme de 80 fr. pour les pauvres de Saint-Léger.

En 1840, fut constituée une commission de bienfaisance, chargée de s'enquérir des besoins des plus nécessiteux, de leur procurer des secours par des bons en pain, en viande, en bois ; et en cas de maladie, les soins du médecin et les médicaments. Malheureusement, les ressources dont elle disposait étaient bien modestes. Elles consistaient : 1° dans le produit de trois quêtes faites à l'église, les dimanches de Pâques et de la Pentecôte et le jour de la Toussaint ; 2° dans les bénéfices provenant des concessions faites par la commune aux particuliers dans le cimetière, dont, en vertu de la loi, la tierce partie doit venir au profit du bureau de bienfaisance ; 3° de secours accordés par le département ; 4° d'allocations votées au budget communal.

La caisse du bureau de bienfaisance fut souvent en déficit ; parfois même, comme en 1851, il lui arriva de faire appel non seulement au département, mais au ministre de l'intérieur. Toutefois, nous devons constater, à l'honneur et au bon renom de la commune, qu'à défaut du bureau de bienfaisance impuissant de tout temps, les malheureux ont trouvé dans la bienveillance de ceux qui possèdent, avec la sympathie, des secours généreux et persévérants dans leur détresse.

En 1869, la famille de M. Thomas Waddington, aux intentions de son chef décédé, versa dans la caisse du bureau de bienfaisance une somme de 2,000 fr. pour être employée en rente perpétuelle sur l'Etat. Le conseil municipal, dans ses remerciements, exprima les regrets les plus sincères de la perte pour le pays de M. Waddington, dont la générosité, le bon sens pratique, la délicatesse et l'esprit de conciliation avaient été si appréciés depuis bientôt vingt-cinq ans qu'il faisait partie du conseil municipal et du bureau de bienfaisance. Cette somme de 2,000 fr. a produit une rente annuelle de 82 fr. en 3 p. °/₀, dont bénéficie le bureau de bienfaisance depuis cette époque.

M. Richard Waddington, suivant les traditions de son père, offre spontanément depuis lors une somme de 200 fr. chaque année. D'autres dons particuliers viennent de temps en temps s'ajouter à ces ressources, en sorte que, annuellement, le bureau de bienfaisance peut inscrire à son budget une somme de 1,200 fr., toujours dépassée dans les dépenses.

Le bureau de bienfaisance est administré par une commission de sept membres, nommés pour une période de cinq années. Elle est ainsi composée : président et ordonnateur, M. Sasle-Déchamps, maire ; membres, MM. Lavoisier, Rolin, curé, Néron, Valentin, Farin et Hédain.

Au moment où nous écrivons ces lignes, le bureau de bienfaisance vient de s'enrichir d'une dotation magnifique qui sera pour les pauvres de la commune une ressource considérable et pour les administrateurs du bureau un auxiliaire des plus précieux : M. Prosper Boulanger, ancien maire, voulant laisser à sa commune natale un souvenir, par testament rendu exécutoire par sa mort le 16 novembre 1887, a légué : 1° au bureau de bienfaisance une rente perpétuelle et inaliénable de 200 fr. en 3 p. °/₀, et 2° à l'hospice de Darnétal le capital nécessaire pour entretenir constamment un lit en faveur des indigents de la commune de Saint-Léger. Les longues formalités préliminaires indispensables pour la mise en possession de ces sortes de dons sont remplies. Le décret du Président de la République autorisant l'acceptation de ces libéralités est signé, et Mme Boulanger vient de verser un capital de 5,700 fr. pour la rente du bureau de bienfaisance et un capital de 24,000 fr. pour le lit de l'hospice.

—

Sapeurs-Pompiers.

Nous n'avons point cru devoir parler de l'ancienne milice communale, dite garde nationale, autrement que pour citer son nom et mentionner son existence. C'est un corps aujourd'hui disparu, dont il ne reste plus que le souvenir, si nous exceptons pourtant une relique qui a survécu, je veux dire la guérite du factionnaire qui est restée dans le corridor de la mairie. La compagnie de Saint-Léger faisait partie du bataillon de Darnétal. Le contrôle pour le service ordinaire de la garde nationale comptait : 96 hommes en 1830; 86, en 1836; 71, en 1845. En 1848, 219 citoyens furent portés au rôle matricule pour faire partie de la garde nationale. Mais 79 demandèrent leur radiation, et il n'en resta plus que 140, dont 68 mobilisables. La garde nationale avait ses cadres, ses chefs, son instructeur, son tambour, son corps de garde, ses patrouilles organisées. Nous ne sommes pas en mesure de connaître les services qu'elle a rendus.

Par contre, nous pouvons et croyons devoir parler de notre compagnie de pompiers, si bien organisée aujourd'hui, et sur le dévouement de laquelle la commune, en cas de sinistre, peut compter absolument.

Jusqu'en 1852, le matériel communal contre les incendies se composait uniquement de quelques seaux déposés à la mairie, et dont les habitants se servaient dans les sinistres, assez fréquents à cette époque ; les seuls secours efficaces dans ces cas venaient des pompiers de Darnétal. Le 10 novembre 1852, le conseil fit l'achat d'une voiture à bras pour transporter les seaux, et organisa une compagnie de pompiers dans la commune, qui fut reconnue par décret impérial du 6 janvier 1853.

L'effectif de cette compagnie était de 26 hommes, commandés par un sous-lieutenant. Le 8 juin de la même année, on fit l'acquisition d'une pompe à incendie, pour la remise de laquelle un magasin fut construit à la mairie. On ne fit pas davantage jusqu'en 1873, où, l'Etat ayant remboursé à la commune un capital pour les impôts payés au moment de l'invasion, on affecta une somme de 1,600 fr. pour acheter une pompe aspirante et foulante.

En 1876, l'effectif de la subdivision s'était sensiblement augmenté, puisqu'elle avait obtenu un lieutenant pour la commander. On fit alors dans la commune une souscription qui permit de faire l'achat d'une troisième pompe. Un magasin pour cette pompe a été construit dans la rue de l'Eglise, en même temps que la buanderie de l'école de filles, en 1883.

Notre compagnie de sapeurs-pompiers a continué de prospérer, et elle est très populaire. En même temps que son matériel progressait, elle a voulu que son instruction professionnelle marchât d'accord avec les méthodes techniques qui se perfectionnent tous les jours. Les hommes se sont livrés avec zèle aux exercices du métier, et depuis 1885 la compagnie s'est distinguée dans les différents concours de pompes qui ont eu lieu dans la Seine-Inférieure et dans divers autres départements.

Elle est aujourd'hui classée en division supérieure, par conséquent dans un rang tout à fait distingué, si on tient compte de son faible effectif et du peu d'importance de la commune. Elle vient d'obtenir le 1er prix de manœuvres dans la 1re division au concours de Courbevoie. Elle porte aujourd'hui à son drapeau bon nombre de médailles d'argent ou de vermeil et trois palmes d'honneur.

Nous n'exprimerons pas le regret que depuis plusieurs années elle n'ait pas eu l'occasion de faire preuve dans la commune de ses remarquables qualités, prompte mobilisation, agilité pour dresser son matériel devant l'incendie et précision de ses mouvements. A bien des reprises, le clairon a sonné, la cloche a appelé dans la ville de Darnétal, et tous ont rendu hommage à la promptitude avec laquelle nos pompiers ont été sur le lieu du sinistre et à l'activité intelligente avec laquelle ils ont opéré.

Voici les noms des commandants qui se sont succédé depuis la formation de la subdivision.

MM.

1853. DÉCHAMPS (Jules), sous-lieutenant.
1866. LECLERC (Pierre-Moïse), sous-lieutenant.
1873. DUPUIS (Justin), lieutenant.
— MARINIER (Emile), sous-lieutenant.
1879. BRANLOT (Emile), lieutenant.
— GLASSON (Louis), sous-lieutenant.

Les cadres sont ainsi remplis actuellement :

MM.

LEROY (Charles), sergent-major.
TIPHAGNE (Charles), sergent-fourrier.
CABAN (Valentin), sergent.
GLASSON, sergent.
. . . . sergent.

CAPORAUX.

MM.

PERMENTIER (Cyriaque).
BOUET (Auguste).

Pimort (Edouard).

Fillatre (Pierre).

Rachinel (Arsène).

Challot (Eugène).

Fleury (Félix).

L'effectif de la subdivision est actuellement de 45 hommes bien équipés. Le matériel, suffisamment pourvu, est passé en revue tous les mois, depuis le premier dimanche de mars jusqu'au mois d'octobre, et il obtient aussi des récompenses dans chacun des concours.

Des souscriptions volontaires et répétées chaque année dans la commune permettent à la compagnie d'alimenter sa caisse et de faire chaque année un concours de tir entre ses membres. Un banquet, où règne la plus franche cordialité, réunit chaque année les membres de la compagnie avec les notabilités de la commune.

Ne terminons pas ces réflexions sur notre subdivision des sapeurs-pompiers sans parler de la fanfare communale qui lui est adjointe ; c'est peut-être plutôt le nom d'harmonie qui lui conviendrait.

C'est en 1864 qu'une société musicale s'est organisée dans la commune. On peut croire que le nombre des membres qui la composent a toujours été à peu près le même depuis sa fondation. Les frais d'achat d'instruments et la perte de temps que leur font éprouver les répétitions auxquelles ils doivent prendre part auront sans doute contribué pour beaucoup à rendre plus difficile le recrutement du personnel. Cependant, malgré son faible effectif, cette fanfare s'est particulièrement distinguée dans deux concours de musique, en 1882 à Fleury-sur-Andelle et en 1883 à Caudebec-lès-Elbeuf.

Depuis trois ans une indemnité de 100 fr. est inscrite au budget communal pour l'entretien des instruments.

Nous lui souhaitons prospérité et encouragements pour la jeunesse.

Voici les noms des chefs de musique qui se sont succédé :

	MM.
1864. . .	Decorde.
1873. . .	F. Mouchet.
1879. . .	Pigney.
1884. . .	Lefort.

—

État actuel de la commune, au point de vue de la population, de l'industrie, de l'agriculture et des finances communales.

Le progrès général dans l'amélioration des conditions de l'existence qui a marqué ce siècle, s'est fait sentir à Saint-Léger comme partout ailleurs, en particulier, le besoin légitime d'habitations élevées, spacieuses, salubres. Or, à Saint-Léger, si l'on excepte le château et la maison de la ferme du Val-Audin (1), constructions anciennes et confortables, et celles plus récentes de M. Hédain et de M. Farin, il n'y avait guère que des chaumières basses, étroites et misérables.

On peut dire d'une manière générale qu'il n'y a plus d'habitations remontant au delà d'un siècle, ou celles-là ont été transformées. Le vieux Saint-Léger a disparu ; chaque année voit raser quelques-unes de ces chaumières ; il n'en reste plus que quelques types dans la Bretèque, la grande rue et la rue de l'Eglise, vieux témoins dont les jours sont eux-mêmes comptés, et qui nous donnent une idée de ce qu'était notre

(1) Demeure de Jehan Pinchon, avocat au XVIe siècle.

village il y a un siècle. Depuis quarante ans surtout on a détruit une multitude de ces logements, qui ont fait place à des constructions nouvelles mieux aérées et plus saines.

Beaucoup d'habitations aussi ont été élevées sur des terrains neufs. La propriété bâtie et habitée a donc considérablement augmenté de valeur. Concurremment la population aussi a augmenté. On comptait 1,021 habitants en 1846. Pendant vingt-cinq ans elle est demeurée stationnaire et n'atteignait pas même tout à fait le chiffre de 1,000. Puis tout à coup le recensement de 1876 fournit le chiffre de 1,030; celui de 1881, le chiffre de 1,161, et celui de 1886 le chiffre de 1,292. Mais nous croyons que le maximum a été atteint en 1887, et nous sommes convaincu que le chiffre de la population tend depuis un an à diminuer.

Convient-il de s'applaudir sans réserve de cet accroissement de population? Nous ne le pensons pas. Il nous semble anormal que le chiffre d'une population augmente en raison inverse du travail qui la fait vivre. Or, le travail et le commerce diminuent dans la commune; le bien-être est donc appelé nécessairement à en souffrir.

Si cet accroissement de population était dû à

l'excès des naissances sur les décès dans une population sédentaire qui est le caractère des pays prospères, il n'y aurait qu'à se réjouir; mais la triste réalité, c'est que les vrais habitants de Saint-Léger ont déserté leur pays, ayant cessé d'y trouver les moyens d'existence qu'ils souhaitaient, et que ce qu'on trouve le moins à Saint-Léger, ce sont des habitants natifs de Saint-Léger. Ceux-ci forment la moindre, nous pourrions dire la minime partie de la population.

L'accroissement de population a eu deux causes principales. Beaucoup d'habitants des campagnes, du pays de Caux surtout, ne trouvant plus aux champs ou dans le tissage à la main, non seulement un travail rémunérateur, mais même le travail indispensable pour vivre, ont espéré trouver dans le travail industriel des conditions d'existence plus favorables et ont émigré dans nos vallées, souvent bientôt déçus dans leurs espérances et reconnaissant tardivement que si le gain dans les fabriques est plus considérable, la vie est autre dans la vallée, et grevée de charges qu'ils ne soupçonnaient pas. D'un autre côté, les grands changements opérés à Rouen pour l'assainissement des quartiers ont détruit une grande quantité de logements d'ouvriers ; ceux-ci, ne pouvant se payer le luxe des habitations nouvelles qui ont remplacé les leurs, se sont répandus dans la banlieue de la ville, et notre commune en a recueilli un certain nombre. Mais ils n'apportaient pas avec eux un essor à l'industrie. De tout cela résulte une population flottante, sans attache au pays, toute disposée à le quitter pour d'autres régions qui lui apparaîtront plus prospères.

L'industrie, en effet, est en baisse très sensible dans cette vallée. Déjà le 6 mai 1857, le conseil municipal constatait un ralentissement graduel de l'industrie depuis plusieurs années. En effet, les trois principales industries de Saint-Léger, depuis que le travail de la laine avait déserté notre région, étaient la filature, la teinture, l'impression des toiles ou indiennes. Cette dernière industrie n'existe plus dans la commune. Les petites usines où l'on filait le coton sur notre rivière ont succombé une à une, ne pouvant plus supporter la concurrence avec les grands ateliers qui s'ouvraient, et où la grande production, perfectionnée d'ailleurs, permettait d'établir des prix de revient plus avantageux. Heureusement, M. Lavoisier devint propriétaire dans la commune et y établit une grande filature pouvant suppléer à une partie de celles qui se fermaient, et où on ne connaît pas le chômage.

La teinture à son tour subit le contre-coup de la concurrence. De même que la filature de coton, la teinture se propagea sur tous les points de la France; et comme il arrive souvent, les établissements nouveaux employant un outillage plus perfectionné, des procédés plus simples, l'emportent sur ceux dont la méthode routinière est restée stationnaire. D'ailleurs, les progrès accomplis dans la chimie ont révolutionné absolument les procédés de teinture.

Ajoutons à cela l'invasion des machines mécaniques qui suppriment une si grande partie de la main-d'œuvre, les procédés nouveaux si expéditifs qui, abrogeant la manutention, permettent de teindre de si grandes quantités de coton en si peu de temps; la création d'immenses ateliers de teinture où, avec les machines, on emploie des centaines d'ouvriers, et il sera facile de comprendre que la production dépasse notablement les besoins.

De là, fermeture de beaucoup d'ateliers, chômages fréquents des autres, difficulté de transactions commerciales, et abaissements des prix de vente pour les patrons, des salaires pour les ouvriers, une gêne permanente dont on n'entrevoit pas la fin.

Beaucoup d'ouvriers sont forcés de chercher du travail hors de la commune. La fermeture des établissements Pimont, Piquerel, Edeline, Boulanger, Daliphard, entre tous, ont été désastreux pour le pays. Aussi les habitants de Saint-Léger, en voyant tant de cheminées éteintes, ne lançant plus en l'air leur fumée noire, signe de vie et de travail, le chemin des ateliers désert, comparant la situation actuelle avec l'activité industrielle qu'ils ont vue dans leur jeunesse, gémissent sincèrement.

Un bon nombre de ces ateliers qu'ils avaient vus prospères n'existent même plus : leurs propriétaires, après avoir vu leurs établissements longtemps fermés, et sans espoir de les voir se rouvrir, pour en tirer quelque parti, les ont convertis en logements. L'enclos Farin, le quartier des Grecs, la cour Caron, n'ont point d'autre origine. La consommation a pris la place de la production : ce ne peut être pour la richesse générale du pays.

Les établissements actuellement en activité

sont : 1° la filature de coton de M. Lavoisier, le seul vraiment important, qui occupe environ 130 ouvriers ; 2° quatre teintures pour cotons filés : trois d'entre elles, celles de MM. Sasle-Déchamps, Emile Marinier et Blondel, occupent un personnel assez important ; 3° deux teintures sur toiles, celles de MM. Jullien-Valentin et Néron-Rouchan ; 4° deux déchets de coton ; 5° une fabrique de produits chimiques ; 6° une fabrique de colle et savon ; 7° un moulin à blé ; 8° une fonderie pour objets en cuivre; 9° un constructeur de machines agricoles.

Faisons des vœux pour qu'au moins le dépérissement du commerce s'arrête là, et que les ateliers, au lieu de se fermer, prospèrent et entretiennent le renom de notre pays, et que notre vallée, qui, par sa proximité de la ville, se prêterait si aisément à l'industrie, ne soit pas oubliée et classée désormais parmi ces pays morts qu'on ne songe même plus à faire revivre.

Sous le rapport agricole, notre commune n'a rien perdu ; nous pouvons dire même que, grâce à son voisinage de Rouen et de Darnétal, dans la crise qui sévit partout sur l'agriculture, elle n'a point trop à se plaindre. Tous les produits et surtout le lait se vendent avantageusement. Mais le domaine agricole est bien restreint. Il se décompose ainsi : environ 96 hectares de terre labourable, 18 hectares de prairies naturelles, 23 hectares de jardins, 24 hectares de vergers, 88 hectares de bois. Les landes, pâtis, bruyères, occupent une superficie d'environ 7 hectares. Le froment, le seigle, l'avoine et un peu d'orge sont les seules céréales en culture dans la commune. La récolte, année moyenne, peut être évaluée ainsi : blé, 575 hectolitres; seigle, 90 hectolitres; avoine, 950 hectolitres; orge, 50 hectolitres; pommes, environ 1,000 hectolitres.

L'industrie maraîchère s'est aussi sensiblement accrue. Outre les jardins Frémont et le jardin Lefebvre, qui occupe plus de trois hectares, M. Brunel vient de créer une belle exploitation de près de deux hectares. De même, M. Ratiéville a converti son herbage en jardins. Tous ces terrains, habilement exploités par des hommes du métier, deviennent, par leur rendement, une source de revenus considérables.

On compte dans la commune, en temps ordinaire, plus de 60 chevaux, 48 vaches, 10 jeunes veaux. La production du lait dépasse 1,200 hectolitres, ayant une valeur approximative de 25,000 fr. pour les fermiers.

Au point de vue financier, grâce à une administration toujours prudente et économe, malgré les charges qui grèvent son budget, et quoique ne possédant de revenus d'aucune sorte, autres que l'impôt, nous pouvons dire que notre commune est dans une situation financière convenable, et qu'elle peut être comptée dans les communes du département parmi celles dont les impôts sont modérés. En effet, tous les centimes additionnels compris ne dépassent pas 35, alors que dans certaines communes ces centimes additionnels s'élèvent jusqu'à 65 et même 70.

Nous reproduisons comme état de la situation financière la copie du compte du dernier exercice, avec ses recettes et ses dépenses, produit par le receveur municipal en 1888.

RECETTES.

	FR.	C.
5 centimes additionnels ordinaires sur les contributions foncière et personnelle-mobilière.	517	80
Attributions sur les patentes. . .	260	»
— sur le produit des permis de chasse. . .	70	»
A reporter.	847	80

	FR.	C.
Report.	847	80
Attributions de l'impôt sur les chevaux et voitures. .	20	68
— sur amendes. . . .	21	85
Rentes sur l'État (donation Denis).	36	»
Produit des expéditions des actes administratifs et des actes de l'état civil.	2	70
Intérêts de fonds placés au Trésor.	14	73
Centimes pour les chemins vicinaux.	764	»
Évaluation en argent des prestations en nature.	2,457	»
Taxe sur les chiens.	284	»
Imposition pour le salaire du garde champêtre.	413	»
Frais de perception des centimes communaux.	212	35
Centimes spéciaux de l'instruction primaire.	611	32
Subvention pour les dépenses de l'instruction primaire.	3,013	75
— supplémentaire pour la gratuité.	50	27
Imposition pour le curage de la		
A reporter.	8,749	45

	FR.	C.
Report.	8,749	45
rivière.	1,050	»
Imposition pour amortissement de l'emprunt pour l'école de garçons.	489	06
Imposition pour amortissement de l'emprunt pour l'école de filles.	198	68
Total des recettes.	10,487	19

DÉPENSES.

	FR.	C.
Traitement du secrétaire de la mairie.	600	»
Frais de bureau de la mairie. . .	100	»
Abonnement au *Journal officiel*. .	4	»
— au Bulletin annoté des lois.	3	»
Frais des registres de l'état civil. .	78	40
Impressions à la charge des communes.	20	»
Frais de timbre *id.*	30	»
Traitement du receveur municipal.	405	»
Frais de perception des centimes communaux.	212	35
Salaire du garde champêtre. . .	400	»
A reporter.	1,852	75

	FR.	C.
Report.	1,852	75
Frais de bureau du receveur. . .	10	»
Assurance des bâtiments et mobiliers communaux contre l'incendie.	40	»
Entretien de la maison commune.	30	»
— des pompes à incendie et accessoires.	150	»
Dépense de l'éclairage.	800	»
Enlèvement des boues.	30	»
Entretien des chemins vicinaux. .	3,221	»
Entretien des couvertures. . . .	250	»
Solde du tambour des pompiers. .	60	»
Entretien des caisses et des armes.	20	»
Participation au banquet des pompiers.	150	»
Dépense des aliénés à la charge de la commune.	36	»
Contingent de la commune dans la dépense des enfants trouvés. .	134	33
Traitement de l'instituteur communal.	1,300	»
Traitement de l'instituteur adjoint.	800	»
Traitement de l'institutrice com-		
A reporter.	8,884	08

	FR.	C.
Report.	8,884	08
munale.	900	»
Traitement de l'institutrice adjointe.	700	»
Indemnité à l'instituteur pour le cours d'adultes.	75	»
Prix aux élèves des écoles. . . .	150	»
Entretien des maisons d'école et des mobiliers de classe. . . .	50	»
Chauffage des écoles.	175	»
Allocation communale pour la caisse des écoles.	150	»
Entretien des biens et mobiliers communaux.	250	»
Supplément de traitement au curé ou desservant.	200	»
Curage et garde de la rivière. . .	1,050	»
Entretien des arbres du cimetière.	70	»
Emploi de la rente Denis. . . .	40	»
Fêtes publiques.	50	»
Dépenses imprévues.	400	»
Agrandissement de l'école de garçons.	489	06
id. *id.* de filles.	198	68
A reporter.	13,831	82

	FR.	C.
Report.	13,831	82
Indemnité à l'instituteur adjoint. .	50	»
— à l'institutrice adjointe. .	50	»
— à la musique des pompiers.	100	»
Contingent pour le conseil des prud'hommes.	75	»
Total des dépenses.	14,106	82

RÉCAPITULATION.

	FR.	C.
Dépenses	14,106	82
Recettes.	10,487	19
Excédent de dépenses.	3,619	63

Ce déficit, qui n'excède guère 3,000 fr. chaque année, grâce aux concessions de terrains dans le cimetière, est couvert au moyen d'une imposition extraordinaire de 20 à 22 centimes additionnels au principal des quatre contributions directes.

APPENDICE.

—

Société de secours mutuels de Saint-Léger-du-Bourg-Denis.

Après avoir pris la tâche de reproduire de notre mieux tout ce que nous avons pu savoir de la commune de Saint-Léger, capable d'intéresser nos lecteurs, nous nous reprocherions de garder le silence sur la Société de secours mutuels établie dans la commune. Nous devons à cette Société, dont nous sommes le président, de la faire connaître; nous devons aux habitants, dont certainement une grande partie l'ignorent, et à ce que nous croyons de leur intérêt, de leur faire savoir qu'il existe une Société de secours mutuels; comment elle fonctionne; comment il est facile à chacun de profiter de ses avantages.

Aujourd'hui cette idée de la mutualité semble mieux comprise et faire son chemin dans beaucoup de régions. C'est en effet une sorte d'assurance contre les suites de l'arrêt du travail provenant de la maladie ou de la vieillesse, pour les ouvriers prévoyants qui ont su, aux jours du gain, prélever quelques économies si légères, qu'on peut dire, comme on en va juger, qu'elles auront passé inaperçues dans le train ordinaire de leur ménage.

Le 27 juillet 1851, une Société s'est réunie dans la mairie de Saint-Léger pour constituer une Société de secours mutuels sous le patronage de saint Joseph, et a approuvé et signé un règlement que chaque membre a promis d'observer intégralement. Elle a été reconnue par la préfecture au mois de septembre de la même année, et approuvée par décret impérial du 31 janvier 1854. Quelques modifications aux statuts demandées par la Société ont été approuvées par le préfet les 5 août 1859 et 13 décembre 1860.

Voici les principaux articles du règlement :

Conditions d'admission. — Être âgé de 20 ans au moins et de 40 ans au plus. — Être habitant de Saint-Léger ou de Darnétal, sain d'esprit et de corps, et être exempt de toute flétrissure. — Toute accusation de vol avec preuve, toute condamnation pour délit, entraînent l'exclusion de la Société, sans remise aucune pour les versements effectués.

Contribution à fournir par les sociétaires. — Chaque sociétaire doit verser à son entrée la somme de 2 fr. 25; puis, chaque semaine, jusqu'à l'âge de 65 ans, la cotisation de 25 centimes. Cette contribution n'est pas due pour les semaines de maladie dûment constatée.

Secours aux malades. — Nul n'a droit aux secours s'il n'a fait six mois de santé. — Passé six mois, celui dont la maladie a été constatée, à moins qu'il ne s'agisse de maladies provenant d'immoralité, a droit au secours du médecin de la Société pendant tout le temps de sa maladie, à moins qu'il ne demeure à plus d'une lieue de la mairie de Saint-Léger. Il recevra, en outre, 1 fr. par jour pendant les dix premières semaines. Dans la période suivante de dix semaines, il recevra 6 fr. par chaque semaine. Dans une troisième période de dix semaines, 5 fr. par semaine. Dans une quatrième période de dix semaines, 4 fr. par semaine. Enfin, pendant les douze semaines qui complètent l'année, il recevra 3 fr. par semaine. L'année écoulée, il sera alloué 2 fr. par chaque semaine. Tout sociétaire réputé incurable ou devenu infirme avant 65 ans recevra un secours qui sera déterminé chaque année par le bureau de la Société, selon les ressources de la caisse de réserve. En cas de décès dans la première année de son admission dans la Société, si ses versements ont été régulièrement opérés, il est remis 8 fr. à sa veuve ou à ses héritiers. S'il décède cette première année révolue, il sera remis à ceux-ci 40 fr. pour frais de sépulture.

En versant 5 cent. par semaine en plus de la cotisation, on peut obtenir les soins gratuits du médecin pour toute sa famille.

Secours aux vieillards. — Tout sociétaire parvenu à l'âge de 65 ans, après 25 ans de participation à la Société, est admis de droit à une pension de retraite qui peut aller jusqu'à une rente annuelle de 130 fr. Conformément au décret du 26 août 1856, les fonds de réserve de la Société affectés à la retraite des vieillards doivent être déposés à la caisse des dépôts et consignations.

Le siège de la Société ne peut être transporté hors de la commune.

—

Ont été successivement présidents de la société :

MM.

1851.	. .	Roisset.	
1854.	. .	Bulée, imprimeur.	
1860.	. .	Renoult, instituteur.	
1862.	. .	Valle,	*id.*
1872.	. .	Montier,	*id.*
1877.	. .	Lenoir,	*id.*
1880.	. .	Levasseur,	*id.*
1883.	. .	Roussignol,	*id.*

—

Nous avons le regret de constater que cette Société, malgré ses avantages évidents, est délaissée. Elle comptait, à son début, une cinquantaine de membres; aujourd'hui elle n'en compte plus que quelques-uns. Espérons que cet appel lui ramènera des adhérents. Puisqu'il est impossible de supprimer la maladie et la vieillesse, il n'est que sage de se préparer à l'avance à en éviter les conséquences.

TABLE.

PAGES.

CHAPITRE III.

CHAPITRE IV.

CHAPITRE V.

Rouen. — Imp. MÉGARD et Ce, rue Saint-Hilaire, 136.

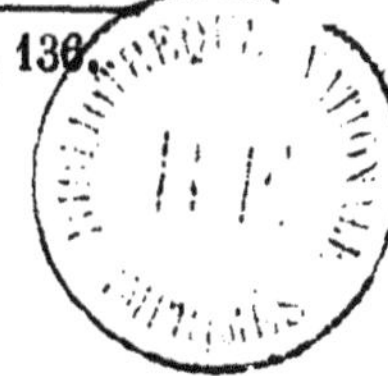

Rouen. — Imp. MÉGARD et Ce, rue Saint-Hilaire, 136.

www.ingramcontent.com/pod-product-compliance
Ingram Content Group UK Ltd.
Pitfield, Milton Keynes, MK11 3LW, UK
UKHW021925230726
13925UKWH00007B/500